货物运输
保险代位求偿
实务指南

于 萍 ◎ 主 编

阎 冰 陈 雷 ◎ 副主编

中国法制出版社
CHINA LEGAL PUBLISHING HOUSE

序 一

代位的概念由来已久，但由法家学者提炼出来奉拜于学术圣坛也就一百多年。有专家指出其源头在《学说汇纂》（Digesta）中，也有专家坚持其诞生需归功于无畏的普通法大法官们。这一派人甚至考证出在 18 世纪中叶，英国大法官还不敢给连带责任分摊权、保险金或保证金追偿权戴上 Subrogation（代位求偿权）或 Surrogation（代理）的帽子。汉字里的代位权或代位求偿权也似乎同期孕育，有学者发现箕作麟祥在 1870 年翻译 1807 年《法国民法典》第 1166 条时，将连带债务的分摊关系运用了"代"字，此后有关债务分摊、追偿的文章中代位、代位辨济二词时有出现。总而言之，只要不用在保险追偿的背景下，代位的含义大多不难理解。

所谓的保险追偿，是指保险人赔偿被保险人后将保险金损失向负有责任的第三方进行索赔的活动。这项活动如果不从它的意义角度进行说明，恐怕是一项越解释越糊涂的概念。追偿活动的第一项意义是防止不当得利，因为被保险人的损失已经由保险人赔付的信息并不能够永远地、完整地为第三方知晓，这时被保险人有很多机会获得双重甚至多重补偿，例如重复保险的情况。追偿活动的第二项意义是减少过失过错甚至违法违章行为造成的损害，例如烟头引燃的火灾、驾驶不慎引发的碰撞、豆腐渣工程引发的财产损失。如果被保财产的损失在保险人赔偿后就解除了第三方责任人的义务，容易使其滋生侥幸心理，不利于社会安定和良善守法意识的养成。追偿活动的第三项意义是保险人可以借此恢复赔偿能力，减少过度依赖投资或调高保费来补充保险赔偿准备金。保险公司应该维持一定的赔偿能力不仅是市场信誉的需要，也是监管规章的硬性要求，更是对投保人负责的本钱。追偿活动的第四项意义是促进社会整体风险识别风险管控水平的提升。事实上，不少领域的安全建设、工艺改良、流程完善、应急方案的制度化都源自追偿活动。甚至保险制度本身也是在追偿活动的大背景下健全、完善的，比如核保制度、再保险制度、责任保险制度等，现代社会进步的不少方面都与风险能沿着保险脉络传递得无限遥远密切相关。

　　然而，追偿不是一件知晓其概念和意义就能做对、做好的事情。原因可能与四个因素有关：当事主体的复杂性、损失定性定量的准确性、法律关系的隐蔽性、从业人员的可靠性。当然最客观的难题还是缺乏一部简明扼要行之有效的工作指南。《货物运输保险代位求偿实务指南》一书由富有爱心和行业经验的一线人士编著，以"索赔权利人""诉由选择"两章开篇，继以"管辖""法律适用""诉讼时效"三章开宗明义，对于有急需的读者，这部分或可稳妥地扮演工具书的角色。而对于有研究探索需求的读者，随后的"承运人的识别""承运人的责任期间""承运人的责任基础"三章，对常见的水陆空铁和多式联运进行了充分的解剖分析。而末尾的"货物损失赔偿计算方式""承运人的赔偿责任限制"两章，除了对具体案件的核赔有针对性之外，还对损失预估和赔偿准备金的调整起到非常重要的作用。本书最后还为消化理解前面十章的内容，针对货物短量、集装箱货损、粮食类货损、液体散货损失案件进行专题论述，这部分对于日常案头工作有着很高的参考价值。

总体来说，《货物运输保险代位求偿实务指南》一书很务实的梳理出了组织和参与追偿活动的关键因素，通俗易懂、图文并茂，既可以作为刚刚投身追偿工作者的入门指南，又可以作为核保核赔管理人员的业务参考用书，还可以作为院校或有兴趣研究保险的专家学者的宝贵资料。当然，有阅读习惯的律师、仲裁员和法官也可以从中窥到不少行业隐秘，为理解条款、熟悉流程、辨明事实得所倚重。

文著皆辛苦，分享诚美德。向作者团队和校对修改工作者表示钦佩和致敬之余，亦微感遗憾。估计是碍于篇幅限制，或虑及读者阅览享受的效果，手册未涉及货运险以外的其他险种的追偿实务。相信作者团队已经有所关注和规划，不久即能见到续篇！

张旭波

2024 年 5 月

序 二

我国保险业历经 40 余年的发展，市场主体不断丰富，市场规模显著扩容，发展水平持续提升。2018 年以来，保险业从规模扩张转向质量提升，进入高质量发展阶段，截至 2021 年 11 月末，已经连续四年保持全球第二大保险市场地位。[①] 2024 年 1 月 4 日，国家金融监管总局举行"发挥保险业的经济减震器和社会稳定器功能"新闻发布会，会上提出要更好发挥保险业的经济减震器和社会稳定器功能，在为经济社会发展提供高质量金融服务中发挥"头雁"引领作用。[②]

保险代位求偿权是保险领域一项重要制度，货运保险是最可能引起代位求偿的保险领域，货运保险中的代位求偿也最具典型性。[③]

本书聚焦于货运保险追偿这一细分业务领域，旨在解决货运保险保险人代位求偿的常见问题，不仅具有一定的理论深度，更是包含了作者团队十多年来对此类案件的实践总结和经验分享，具备广泛的实用价值。代位求偿不但是财产保险人的利润来源之一，更是

---

① 《银保监会：我国连续四年保持全球第二大保险市场地位》，载光明网，https://m.gmw.cn/baijia/2022-01/11/1302757679.html，最后访问时间：2024 年 7 月 2 日。

② 《国家金融监管总局举行"发挥保险业的经济减震器和社会稳定器功能"新闻发布会》，载国务院新闻办公室网站，http://www.scio.gov.cn/xwfb/bwxwfb/gbwfbh/yxbxjgwyh/202401/t20240105_826901_m.html，最后访问时间：2024 年 7 月 2 日。

③ 《保险代位求偿问题》，载中国法院网，https://www.chinacourt.org/article/detail/2003/09/id/84254.shtml，最后访问时间：2024 年 7 月 2 日。

重要的承保风险控制手段，而货运保险由于其承保标的与特定运输合同的履约风险高度重合，即追偿依据的法律关系相对明确，同时考虑到承运人的责任风险在航运实践中有较充分的保险覆盖面，故货物运输保险追偿效果有一定的保障。本书前十章根据货运保险追偿实操过程中的思考逻辑，分章节讨论了保险人在货运保险领域追偿时应当关注的事项，既围绕着法律概念设计，更重视货物运输实践，同时对运输方式、货物性质作分门别类的阐述，最后一章通过案例分析有针对性地对此前专题做了回顾。

作者团队所在的安杰世泽律师事务所保险团队是目前国内规模较大的保险律师团队，在北京、上海、深圳、南京、海口、厦门、广州和香港特别行政区有超过50人的专业保险律师提供相关服务，为超过100家保险集团公司、保险公司、相互保险组织、再保险公司、专业保险公司、保险资产管理公司、保险中介机构提供法律服务，在货运保险法律服务领域有着无可替代的师承渊源和专业积淀，勤奋求实且乐于分享。2023年钱伯斯大中华区榜单对作者团队的评价使用了"备受尊重"一词，足以说明其市场口碑。作者团队的保险法律业务凭借着精细化的法律研究、专业的法律服务水平和良好的客户关系已在业界享有盛誉，占据业内较大市场份额，持续在保险争议解决、保险业务合规、保险资金运用、保险企业投资并购等领域为客户提供高水平的法律服务。

与其说这是一本保险法律读物，不如说这是作者团队对办案经验的认真梳理和总结的成果，希望能够给业内人士提供日常参考。

詹 昊

2024 年 6 月

目　　录

第八章　承运人的责任基础

第九章　货物损失赔偿计算方式

第十章　承运人的赔偿责任限制

第十一章　常见案件类型分析

第一章

索赔权利人

本章导读

本书旨在解决货运险保险人代位求偿的常见问题。既然是保险人代位求偿，那么索赔权利人，即货运险的保险人似乎是确定的。但实践中问题却没有如此简单。在有些保险人代位求偿案件中，被索赔人会抗辩保险人索赔主体不适格。被索赔人提出这一抗辩往往是在质疑保险人的权利来源，即被保险人不具有特定法律关系项下的索赔权利。实际案例中，某些主体虽然在保险单中被记载为被保险人或者取得其他有关当事人的确认作为被保险人取得保险赔款，但法院判决认为其并非索赔权利人因而最终影响保险人的代位求偿权。因此，被保险人或者说赔款接受人是否为索赔权利人这一点至关重要。那么究竟如何识别货物运输项下索赔权利人呢？

与其他财产保险不同，货运险的被保险人，或者说保险人的追偿权利来源常常是变化的，这是由运输合同的特殊性决定的，运输合同项下的索赔权利往往由于货物权利转移或合同约定而发生变化。托运人作为订立运输合同的一方，一般都享有索赔权利，收货人、运输单证持有人等根据法律规定或者合同约定也可以享有索赔权利，甚至是唯一享有索赔权利的主体。当根据法律规定或者合同约定，可能存在两个以上享有索赔权利的货方主体时，就需要关注货方主体之间的法律关系，比如买卖合同关于货物所有权、风险转移的约定，提单转让和持有情况，在某些案件中，甚至还需要考察货款支付或者货物的重置和维修费用承担，以便最终识别索赔权利人。

笔者将上述内容简要整理如下：

	索赔权利人	依据	
一般情况	订立合同的托运人	基于合同相对性	注意贸易代理制度的特殊规定
特殊情况	货物收货人、运输单证持有人，或者其他实际承担货物损失的人	为实现买卖合同下货物交付的必然结果，基于买卖合同、运输合同约定或者法律的规定	

一般情况下，货物运输合同的订立不仅要实现货物空间位置的转移，还要达到买卖或其他类型合同项下货物交付和所有权的转移等目的，因此，虽然货物运输合同通常由两方订立，但实际履行中可能涉及多方主体，包括但不限于承运人、实际承运人、托运人、收货人、运输单证持有人等。这些主体大致上可以分为两类：一类是"货方"；另一类是"运方"。"货方"和"运方"内部各主体之间还可能存在多种法律关系，这些法律关系将影响货物运输纠纷中主体身份的识别。本章主要讲述索赔权利人，首先关注的是货物迟延交付、灭失、损坏等货方索赔权利人的识别问题，并对此进行梳理。

一、一般规定

合同具有相对性，合同所设定的权利义务，通常只对订立合同的双方产生约束力，货物运输合同也不例外。然而《民法典》① 第五百二十二条在原《合同法》② 第六十四条的基础上增加了第二款的规定，即"法律规定或者当事人约定第三人可以直接请求债务人向其履行债务，第三人未在合理期限内明确拒绝，债务人未向第三人履行债务或者履行债务不符合约定的，第三人可以请求债务人承担违约责任；债务人对债权人的抗辩，可以向第三人主张"，进而区分了所谓"不真正利益第三人合同"与"真正利益第三人合同"。也即不真正利益第三人合同仅约定债务人向第三人履行，但第三人对债务人不具有独立请求权；而在真正利益第三人合同中，第三人可以直接请求债务人向其履行或承担违约责任。如《民法典》第八百三十条、《海商法》第四十二条第四项、《铁路法》第十六条第二款、《民用航空法》第一百二十条第三款等，皆以法律规定的形式明确收货人有权向承运人主张提取货物或要求赔偿，应认为运输合同为典型的利益第三人合同，即收货人虽然未订立运输合同，但享有独立的请求权。

二、特别规定

再看以下四种不同法律关系项下的特别规定。

---

① 全称为《中华人民共和国民法典》，为表述方便，在不影响理解的前提下，本书在引用法律名称时，均省略全称中的"中华人民共和国"字样，如《海商法》《铁路法》等。

② 随着《民法典》的施行，《合同法》等同步失效，下文不再提示。

（一）水路货物运输

1. 国际海上货物运输

（1）《海商法》中的托运人

与《民法典》等其他法律规定不同，我国《海商法》第四十二条第三项规定，海上货物运输合同托运人分为两类：一类是"本人或者委托他人以本人名义或者委托他人为本人与承运人订立海上货物运输合同的人"，即缔约托运人；另一类是"本人或者委托他人以本人名义或者委托他人为本人将货物交给与海上货物运输合同有关的承运人的人"，即交货托运人或实际托运人。

第一类托运人订立运输合同，是合同的当事人，同《民法典》等其他法律规定的托运人含义类似，可以享有运输合同项下的索赔权利。第二类托运人没有参与订立运输合同，亦没有将自己的名字记载在运输单证中，但是交付货物给承运人，在能够查明其确实是货物的实际卖方、实际交付过货物等事实情况下，此类托运人可以作为交货托运人或者实际托运人向承运人行使索赔权利。参见某贸易有限公司与某国际货物运输代理有限公司海上货物运输合同纠纷案①、某塑胶有限公司与某国际货运代理有限公司等海上货物运输合同纠纷案②等。

---

① 参见上海海事法院（2020）沪 72 民初 35 号民事判决书，载中国裁判文书网，https：//wenshu. court. gov. cn/website/wenshu/181107ANFZ0BXSK4/index. html？docId＝Xo/iK6Op8trUHsNs2WRkeDi4bWhDq5jabrUmsf+mGgQRF5theQ9z0vUKq3u+IEo4Jr3CPez96liVUtoVNbAhra9wM5vncradmCKTcRnGYxZCzgIVIqX9scuUXN7hedkF，最后访问时间：2024 年 3 月 11 日。

② 参见浙江省高级人民法院（2019）浙民终 422 号民事判决书，载中国裁判文书网，https：//wenshu. court. gov. cn/website/wenshu/181107ANFZ0BXSK4/index. html？docId＝yBQdAKheX76n9ljzRaNJ+LQOFK/kqI1qqElf+afF6hk4ebJ2znH3Z/UKq3u+IEo4Jr3CPez96liVUtoVNbAhra9wM5vncradmCKTcRnGYxZCzgIVIqX9sX62fw4mzWMY，最后访问时间：2024 年 3 月 11 日。

（2）提单项下索赔权利人

在提单证明的国际海上货物运输合同项下除了托运人、收货人之外，司法裁判中通常认可提单等运输单证的合法持有人享有赔偿请求权，其依据可参见《海商法》第七十八条第一款的规定，即"承运人同收货人、提单持有人之间的权利、义务关系，依据提单的规定确定"。因此，在国际海上货物运输合同中，与货物灭失、损坏赔偿请求权有关的一个争议问题是，如可转让运输单证已由托运人转让至第三方，托运人是否仍享有货损赔偿请求权。

在海南通连船务公司与五矿国际有色金属贸易公司海上货物运输纠纷案中①，最高人民法院判决认为，海上货物运输系国际贸易中的一个通常环节。贸易双方依买卖合同的约定，由一方负责租船订舱之后，卖方作为货物所有权人在装货港将货物交给承运人，再由承运人向卖方签发提单，卖方凭提单按买卖合同中的支付条款结汇。买方在付款赎单后即成为提单的合法持有人。在目的港，买方凭提单向承运人提取货物，成为提单项下货物所有权人，国际贸易货物流转程序便告结束。该案中，作为贸易合同卖方、提单托运人的五矿公司，在提单签发时，对其所托运的提单项下货物具有所有权，但当提单经过两次背书转让至贸易合同买方丰田通商手中，且丰田通商在日本名古屋港提货后，运输合同在目的港即完成了交、提货程序，提单已实现了正常流转，此时提单所证明的运输合同项下托运人的权利义务已转移给提单持有人——丰田通商，其中包括提单项下的货物所有权和诉权。因此，作为提单托运人五矿公司对提单项下的货物已不再具有实体上的请求权，五矿公司与承运人不再具有法律上的利害关系。对于因"万盛"轮错卸货物造成的损害

---

① 《最高人民法院公报》1999 年第 6 期。

赔偿的请求权，应由丰田通商来行使。其具有依买卖合同的约定向货物卖方五矿公司和依货物运输合同向提单承运人主张货物损害赔偿请求权的选择权。丰田通商选择依买卖合同的约定向货物卖方五矿公司索赔，这是丰田通商的权利。但在五矿公司通融赔付丰田通商，且丰田通商未将提单所证明的运输合同项下对承运人的索赔权转让给五矿公司的情况下，五矿公司对提单项下的货物已不再具有任何权利，该公司并不当然取得对提单承运人的追偿权。

概括来说，该案中法院认为，在提单转让后，托运人对提单项下的货物已不再具有请求权，运输合同下的赔偿请求权应当由提单合法持有人行使。

围绕上述案例，尽管理论界争议较多，但从避免不必要争议的角度来看，笔者建议以提单的持有情况作为此类合同项下索赔权利人的识别标准。如确需以缔约托运人或交货托运人的名义提起索赔，应注意要求提单合法持有人适时转让该货损赔偿请求权至有关方，并以书面形式予以明确。

2. 沿海和内河货物运输

2021 年最高人民法院《全国法院涉外商事海事审判工作座谈会会议纪要》第六十九条规定，国内水路货物运输合同"当事人约定收货人可直接向承运人请求交付货物，承运人未向收货人交付货物或者交付货物不符合合同约定，收货人请求承运人承担赔偿责任的，人民法院应予受理；承运人对托运人的抗辩，可以向收货人主张"。前述规定事实上是《民法典》第五百二十二条第二款在沿海、内河货物运输合同方面的具体化。

基于上述法律规定，答案似乎已经明晰，即沿海和内河货物运输托运人和收货人可以享有索赔权利。但是实践中沿海、内河货物运输普遍存在多层货运合同关系，其中可能包含数个运输合同或者租船合同，甚至涉及水路货物运单，导致其中的权利义务关系十分复杂。单就某一运输合同、租船合同和运单而言，托运人、收货人或者承租人是比较容易识别的。但当一货方主体既是运输合同或者租船合同当事人，又是水路货物运单当事人，其是否可以抛开运输合同或者租船合同直接以水路货物运单托运人或者收货人的身份主张索赔权利存在很大争议。比如，在某纸业有限公司与某电子商务有限公司等海上、通海水域货物运输合同纠纷案中①，宁波海事法院一审认为，虽然案涉运单记载了托运人、收货人与承运人、实际承运人，但这些只是运单作为水路货物运输环节的通常项目，可以肯定的是它反映了一定的合同内容，但并不能将运单本身简单地归类为合同或者非合同。在承托双方无其他书面合同或内容可以证明的口头合同存在时，可以认定运单具有运输合同的效力，但当运单上记载的承托各方均有其他更为明确的文本记录的运输合同时，则由于运单在时间上的后序性，其记载的内容只是其他运输合同的组成部分，同时运单的各联在货物的交接上仅起到收据的作用。案涉运单上虽然印刷有"承运人、托运人及收货人的有关权利、义务……"字样，但这只是运单批量制作时一并印刷的格式条款，其上载明的各方当事人没有签章时，并不能当然地认定为他们之间已经达成合意，运单上记载的托运人金某公司、收货人集某公司仅指明了货物交接人的名称，当该运单与航次租船合同相结合时，补充了航次租船合同当事人间的合同内容；当其与物流服务合同相结合时，补充了物流服务合同当事人间的合

---

① 参见宁波海事法院（2018）浙72民初1892号民事判决书，载中国裁判文书网，https：//wenshu.court.cn/website/wenshu/181107ANFZ0BXSK4/index.html？docId=ZWUIqLwQkQz8U7YBrFSCNc3zTIWhLAdq3br3r4wgnGEn4sfO/vyxAfUKq3u+IEo4Jr3CPez96liVUtoVNbAhra9wM5vncradmCKTcRnGYxaOCWDgqdDoRdRUwkjihBzI，最后访问时间：2024年3月6日。

同内容。综上，法院认为"案涉运单不具有认定合同关系的法律效力"。

（二）航空货物运输

航空货物运输收货人的赔偿请求权可参见《民用航空法》第一百二十条第三款"承运人承认货物已经遗失，或者货物在应当到达之日起七日后仍未到达的，收货人有权向承运人行使航空货物运输合同所赋予的权利"的规定，以及该法第一百三十六条第三款的规定，如由几个航空承运人办理的连续运输，"旅客、托运人和收货人均可以对发生毁灭、遗失、损坏或者延误的运输区段的承运人提起诉讼"。上述规定与《统一国际航空运输某些规则的公约》（又称《蒙特利尔公约》）第十三条第三款、第三十六条第三款一致。

（三）铁路货物运输

《铁路法》第十六条第二款规定，铁路运输企业逾期三十日未将货物交付收货人的，托运人、收货人有权按货物灭失向铁路运输企业要求赔偿。前述条款未提及货物损坏的情况下，收货人是否有索赔权利，但是基于目前《民法典》的规定，收货人应当可以享有独立请求权。

（四）进出口代理合同

进出口代理在我国已经有很长的发展历史，目前基于银行授信、税费、进出口许可证等因素，实际货物卖方或者买方委托代理人与外商签订买卖合同（外商可能知道也可能不知道代理关系的存在），并且提单、运单、发票等单证上并未出现委托人名称的情况仍然广泛存在，那么委托人是否可以自己的名义主张索赔？

《民法典》第九百二十五条、第九百二十六条延续了原《合同法》

的规定。此前最高人民法院在某实业有限公司与某海运公司海上货物运输合同货损纠纷案①中，认定进口代理合同关系中的委托人具有运输合同项下的索赔权利。此外，在某服饰有限公司与某国际物流有限公司海上货物运输合同纠纷案②、某家纺有限公司与某有限公司等海上货物运输合同纠纷案③中，审理法院都认可出口代理合同关系中的委托人具有运输合同项下的索赔权利。可见，司法实践中进出口代理合同中的委托人可以自己的名义进行索赔。

① 参见最高人民法院（2013）民提字第 7 号民事判决书，载中国裁判文书网，https：//wen-shu. court. gov. cn/website/wenshu/181107ANFZ0BXSK4/index. html？docId＝jE7iRRnAuVi8Zzc8UueDUi XjZ0jjAqAiCDTQu2rjmL/pLUYLS1632JO3qNaLMqsJZ4OOl5tqlH61JxQThvhSR69wM5vncradmCKTcRn GYxasbzf2harjScOhxHMjjJIN，最后访问时间：2024 年 2 月 29 日。

② 参见上海海事法院（2021）沪 72 民初 11 号民事判决书，载中国裁判文书网，https：// wenshu. court. gov. cn/website/wenshu/181107ANFZ0BXSK4/index. html？docId＝y/aTDB1fzWqigE6 9U+DbeDHhC7RtsVqcHG/rJcDbrMmvicpABgYnipO3qNaLMqsJZ4OOl5tqlH61JxQThvhSR69wM5vncra dmCKTcRnGYxasbzf2harjSYIZGefss7XF，最后访问时间：2024 年 2 月 20 日。

③ 参见山东省高级人民法院（2021）鲁民终 1408 号民事判决书，载中国裁判文书网，ht-tps：//wenshu. court. gov. cn/website/wenshu/181107ANFZ0BXSK4/index. html？docId＝xtjW9zhB4bx+vkHIZOCBW30DOcyQDrE6jcrrFeAG7pzKs2bQw5qi6ZO3qNaLMqsJZ4OOl5tqlH61JxQThvhSR69wM5vncradm CKTcRnGYxasbzf2harjSWI7pPuWv2EH，最后访问时间：2024 年 2 月 20 日。

第二章

诉由选择

本章导读

　　本章主要讲述诉由选择。对于同一保险事故，保险人可能基于不同诉由向同一责任人或者不同责任人主张索赔，保险人除考虑不同诉由下的责任构成要件、时效、管辖，亦要考虑被追偿对象的债务承担能力等，以便选择最优的追偿方案。

　　《保险法》第六十条明确了保险人代位求偿权的原则性规定，其第一款规定："因第三者对保险标的的损害而造成保险事故的，保险人自向被保险人赔偿保险金之日起，在赔偿金额范围内代位行使被保险人对第三者请求赔偿的权利。"基于上述法律规定，有观点认为保险人只能向造成"保险标的的损害"的第三者主张代位求偿，保险人代位求偿的基础法律关系只能是侵权关系。随着有关保险人代位求偿权案件的不断增多，司法机关对这个问题作出了明确的规定。《最高人民法院关于适用〈中华人民共和国保险法〉若干问题的解释（四）》第七条规定，"保险人依照保险法第六十条的规定，主张代位行使被保险人因第三者侵权或者违约等享有的请求赔偿的权利的，人民法院应予支持"。也即，保险人赔付后向事故责任方提出的索赔，虽统称为保险人代位求偿权纠纷，但实际的请求权基础仍需要根据被保险人与事故责任方之间的法律关系具体判断。

　　在民事领域，外在结构上通常将请求权基础分类为合同请求权、类似合同的请求权（如缔约过失请求权、因无权代理所产生的请求权、违反后合同义务所产生的请求权等）、无因管理请求权、基于物权法的请求权、不当得利请求权及侵权请求权，并对应不同诉由。理论上，以上请求权基础在保险人代位求偿权纠纷中皆有可能涉及，实践中以合同请求权与侵权请求权最为常见。如以下关系图，被保险人委托运输公司 A 进行运输，运输公司 A 转委托运输公司 B，运输公司 B 又转委托运输公司 C，货物在运输公司 C 运输时受损。保险人在赔付被保险人之后，基于被保险人的法律地位进行代位求偿。此时，保险人既可以基于合同关系向运输公司 A 行使合同请求权或者类似合同请求权，又可以基于侵权关系向运输公司 C 行使侵权请求权（但是在国际海上货物运输情况下，运输公司 C 基于法律规定或许可以被识别为实际承运人，这属于特殊情况）。

又如，一艘船舶承运散装玉米至中国港口交付提单收货人 A 和提单收货人 B，其中收货人 A 收取的货物少于其所持有提单载明的数量，而收货人 B 收取的货物多于其所持有提单载明的数量。保险人承保收货人 A 短量损失，在赔付之后取得代位求偿权。其可基于提单证明的运输合同关系向承运人主张合同请求权，亦可基于不当得利向收货人 B 主张请求权。

以上两个例子是为说明不同追偿对象可主张不同类型请求权，而对于同一追偿对象，亦存在请求权竞合的可能性，常见的如合同请求权和侵权请求权竞合（详见以下第二部分）。在存在不同类型的请求权基础（即诉由）的情况下，保险人都面临着"诉由选择"。不同诉由之下相对方责任的构成要件各不相同，管辖、时效等问题也有所区别，保险人需要综合分析、慎重选择。实践中最常见的诉由是违约法律关系和侵权法律关系，以下内容将对这两种诉由进行详细阐述。

一、违约法律关系与侵权法律关系的区别

（一）责任构成要件不同

根据《民法典》等相关法律的规定，成立生效的合同，当事方违约责任的构成要件通常包括：（1）当事方存在对合同约定或法定义务的违反，包括给付不能、给付迟延及不完全给付；（2）符合当事方约定或法律规定的归责原则，包括故意、重大过失、过失、无过失（或称无过错）等；（3）被保险人存在实际损失，包括履行利益、信赖利益或固有利益损失；（4）当事方的违约行为与被保险人损失之间存在因果关系。

而侵权损害赔偿请求权通常需要满足以下条件：（1）第三人存在侵权行为；（2）符合法律规定的归责原则，包括故意、重大过失、过失等；（3）被保险人存在实际损失，包括固有利益或其他财产损失；（4）当事方的侵权行为与被保险人损失之间存在因果关系。

需要说明的是，目前的司法实践中，对于责任方有多人的情形，合同之诉与侵权之诉下"因果关系"的判断存在一定差别。具体来说：

在货运险追偿案件中，因合同承运人与第三人共同造成货物损失的情况较为常见，可能涉及"多人无意思联络侵权"的相关规定。基于合同约定、追偿对象清偿能力、管辖等多方面的考虑，保险人可能选择以侵权起诉。

《民法典》第一千一百七十一条规定，"二人以上分别实施侵权行为造成同一损害，每个人的侵权行为都足以造成全部损害的，行为人承担连带责任"，第一千一百七十二条规定，"二人以上分别实施侵权行为造成同一损害，能够确定责任大小的，各自承担相应的责任；难以确定责

任大小的，平均承担责任"。也即在"多人无意思联络"的侵权案件中，《民法典》以"各行为是否足以造成损害后果"为标准，将侵权责任的承担方式确定为连带责任或按份责任。但在合同纠纷中，即使争议合同的归责原则为过错责任，法院或仲裁机构也往往不考虑"多因一果"的情形，而直接以"合同相对性"为由要求合同另一方承担全部赔偿责任。

综上所述，笔者将通常情况下违约责任与侵权责任在构成要件上的区别总结如下：

	违约责任	侵权责任
责任主体	特定合同相对方	不特定主体
归责原则	通常为严格责任，以过错责任为特别约定/规定	通常为过错责任，以无过错责任为特别约定/规定
举证责任	举证负担较轻	举证负担较重
因果关系	通常为全部责任	分为连带责任及按份责任
管辖法院	被告住所地或者合同履行地人民法院	被告住所地或者侵权行为实施地、侵权结果发生地人民法院

（二）法律效果不同

根据《民法典》的规定，违约责任的承担方式多种多样，包括继续履行，采取修理、更换、减少价款等补救措施以及损害赔偿等。而在侵权法律关系之下，侵权责任的责任承担方式包括赔礼道歉、停止侵害、消除危险、赔偿损失等。

需明确的是，根据我国法律规定，保险人是以自己的名义提起保险人代位求偿权之诉，其目的在于从对保险事故负有责任的第三人处追回业已支付的保险金，代位求偿权本质上是保险标的财产损失索赔权的转让。对权利行使有身份要求的权利一般不属于法定保险代位权的范畴。因此，笔者认为保险人代位行使的权利应仅限于财产属性的赔偿请求权，且以赔付金额为限。

二、违约责任与侵权责任的竞合

《民法典》第一百八十六条规定，"因当事人一方的违约行为，损害对方人身权益、财产权益的，受损害方有权选择请求其承担违约责任或者侵权责任"，此为现行法律对"请求权竞合"的规定。

请求权竞合是指同一给付目的的数个请求权并存，当事人须选择行使，当其中一个请求权因目的达到而消灭时，其他请求权亦因目的达到而消灭。总结来说，违约责任与侵权责任竞合需要同时满足以下要件：（1）同一不法行为；（2）同一不法行为既符合违约责任的构成要件，又符合侵权责任的构成要件；（3）引起违约责任与侵权责任同时发生的同一不法行为是由一个民事主体实施的；（4）发生同一给付内容。

货运险追偿案件中，如保险人以货主为被保险人承保，货物因承运人之过错发生毁损灭失，保险人赔付后既可依据运输合同向承运人主张合同之下的损害赔偿请求权，亦可主张侵权损害赔偿请求权，须择一行使。

原《最高人民法院关于适用〈中华人民共和国合同法〉若干问题的解释（一）》（已失效）第三十条规定，当请求权竞合时，债权人"向人民法院起诉时作出选择后，在一审开庭以前又变更诉讼请求的，人民法院应当准许"。目前该司法解释已经废止。在《最高人民法院关于津龙翔（天津）国际贸易公司与南京扬洋化工运贸公司、天津天龙液体化工储运公司沿海货物运输合同货损赔偿纠纷一案请示的复函》中，最高人民法院指出，"在请求权竞合的情况下，诉讼当事人有权在一审开庭前请求对方当事人承担违约责任或者侵权责任，此后不得进行变更"。可见，当事人选择诉由的时间是案件一审开庭前。司法实践中，法院会在一审开庭时要求当事人明确其请求权基础。

三、合同法律关系对侵权法律关系的影响

合同之诉与侵权之诉虽为两个独立的请求权，但被保险人与责任方在合同之下的相关约定，可能对保险人在侵权之诉下的索赔产生影响。如：

（一）合同约定的赔偿责任限制不能通过选择侵权之诉规避

在东京海上日动火灾保险（中国）有限公司上海分公司诉新杰物流集团股份有限公司保险人代位求偿权纠纷案①中，货运险保险人向货方赔付后以侵权法律关系向承运人索赔。承运人抗辩与货方所签订《货物运输服务合同书》中约定有赔偿限额条款。一审法院认为承运人需按照货物价值全额赔偿，二审法院予以纠正，并明确对于同一损害，当事人双方既存在合同关系又存在侵权法律关系的，不能完全割裂两者的联系，不仅要保护一方在请求权上的选择，也要保护另一方依法享有的抗辩权……在责任竞合的情况下，如果允许一方选择侵权赔偿，并基于该选择排除对方基于生效合同享有的抗辩权，则不仅会导致双方合同关系形同虚设，有违诚实信用原则，也会导致市场主体无法通过合同制度合理防范、处理正常的商业经营风险。因此，无论一方以何种请求权向对

---

① 《最高人民法院公报》2019 年第 12 期。

方主张合同明确约定的事项，均不能禁止其依据合同的有关约定进行抗辩。以上案件为2019年《最高人民法院公报》案例，该案主要针对损害赔偿范围，具有典型性和指导性。

（二）合同约定管辖权条款对侵权之诉管辖的影响

在请求权竞合的情况下，如保险人选择依侵权法律关系索赔，是否会受到合同约定管辖权条款的影响？

在某环保科技公司与某自动化设备公司等专利权权属纠纷案①中，最高人民法院认为对于专利权权属纠纷案件的地域管辖，应当区分权属争议的原因系合同关系还是侵权行为，本案权属争议的原因系合同关系，故本案应根据合同纠纷的管辖规则来确定案件管辖。该案中最高人民法院区分涉案争议的原因（而不是争议本身）是合同关系还是侵权行为，然后分别根据《民事诉讼法》及相关司法解释中有关合同与侵权案件的管辖规则来确定案件管辖。事实上，各地法院也作出过大量类似裁判。当然，我们也注意到实践中存在不同的观点，即认为既然当事人选择侵权法律关系而不是合同法律关系提起诉讼，那么应当依据侵权法律关系确定管辖法院。② 总之，笔者倾向性地认为如果协议管辖条款表意可涵盖因合同履行产生的侵权纠纷，则侵权之诉管辖权可能会受到合同条款的约束。

---

① 参见最高人民法院（2022）最高法知民辖终251号民事裁定书，载中国裁判文书网，https：//wenshu. court. gov. cn/website/wenshu/181107ANFZ0BXSK4/index. html？docId =/6bQ + HK0RisSafzTewIPlnx1pz3Z5X0n3FaJ9dAh0GtIhpPzK2VQpfUKq3u+IEo4Jr3CPez96liVUtoVNbAhra9w M5vncradmCKTcRnGYxYfiaBLAM0RQuRbiLeA0Dis，最后访问时间：2024年4月3日。

② 参见最高人民法院（2022）最高法民辖106号民事裁定书，载中国裁判文书网，https：// wenshu. court. gov. cn/website/wenshu/181107ANFZ0BXSK4/index. html？docId=AOerA/kqNAM7t OYgtXOzhwYkfcmWJgKxUUDFCq7ZmWsG0R8iZHdm8/UKq3u+IEo4Jr3CPez96liVUtoVNbAhra9wM5 vncradmCKTcRnGYxac97Kc9wSsQDyw5QmkcJaq，最后访问时间：2024年4月3日。

（三）其他合同约定可能影响侵权之诉的情形

双方在合同中对权利义务、合同目的等的约定，同样可能成为侵权法律关系下"过错"的判断标准。双方在合同下约定之意思表示在侵权之诉中可同样约束双方，保险人在追偿前期的评估阶段应予以充分考虑。

综上，当违约责任和侵权责任发生竞合，而保险人选择侵权诉由追究相对方的责任时，双方之间的权利义务并不能完全抛开合同约定。对此，《海商法》第五十八条第一款规定："就海上货物运输合同所涉及的货物灭失、损坏或者迟延交付对承运人提起的任何诉讼，不论海事请求人是否合同的一方，也不论是根据合同或者是根据侵权行为提起的，均适用本章关于承运人的抗辩理由和限制赔偿责任的规定。"其他运输方式下虽然法律没有如此明确的规定，但是司法审判已经给出了一些指引。

第三章

管　辖

本章导读

本章主要讲述管辖。基于前一章的内容，运输合同违约赔偿请求权是保险人货运险代位求偿最为常见的诉由。下表即我国法律规定的各类运输合同项下违约之诉管辖法院。若保险人依据侵权关系、不当得利等诉由主张代位求偿，则需要根据案件的具体情况及法律的规定确定管辖法院。

运输合同类型		法定诉讼管辖	例外
海上运输		运输始发地（启运港）、目的地（到达港）、转运港、被告住所地、采取诉前海事请求保全的海事法院	存在有效协议管辖或者仲裁协议的情况（有效性审查依据法律规定）
内河运输	通海可航	运输始发地、目的地、被告住所地海事法院	
	非通海可航	运输始发地、目的地、被告住所地人民法院（或指定铁路运输法院）	
航空运输		运输始发地、目的地、被告住所地人民法院（或指定铁路运输法院、海事法院）	
铁路运输		运输始发地、目的地、被告住所地铁路运输法院	
公路运输		运输始发地、目的地、被告住所地人民法院（或指定铁路运输法院）	

一、法定诉讼管辖

保险代位求偿的一个常见问题是要向哪个法院提起诉讼，这个问题关系到法院的管辖。民事诉讼中的管辖是指各级人民法院和同级人民法院之间，受理一审民事案件的分工和权限。其中各级人民法院之间的分工和权限即级别管辖问题，确定级别管辖主要看案件的性质、繁简、影响范围，对于财产类案件则主要考虑其标的金额、是否涉外等因素，绝大部分案件一审都应当由基层人民法院管辖。而同级人民法院之间的分工和权限即地域管辖问题，确定地域管辖主要根据法律规定或者当事人约定，其中当事人约定的情况即协议管辖。此外，我国法律还规定有专属管辖，即某些案件必须由特定的法院管辖。

以下主要介绍不同类型运输合同纠纷的法定地域管辖以及专属管辖。

（一）水路货物运输合同

1. 海上货物运输合同

根据《最高人民法院关于海事法院受理案件范围的规定》的规定，海上货物运输合同（包括国际海上货物运输合同和国内沿海货物运输合同）纠纷应当由海事法院专属管辖。海事法院是我国的专门人民法院，我国目前共设有十一个海事法院。某一具体海上货物运输合同纠纷案件应当由哪一个海事法院管辖还要依据法律对地域管辖的规定。

我国《民事诉讼法》第二十八条规定："因铁路、公路、水上、航空运输和联合运输合同纠纷提起的诉讼，由运输始发地、目的地或者被告住所地人民法院管辖。"在此基础上，《海事诉讼特别程序法》第六条第二款第二项规定："（二）因海上运输合同纠纷提起的诉讼，除依照《中华人民共和国民事诉讼法》第二十八条的规定以外，还可以由转运港所在地海事法院管辖。"对此，《最高人民法院关于适用〈中华人民共和国海事诉讼特别程序法〉若干问题的解释》第五条进一步解释规定："海事诉讼特别程序法第六条第二款（二）项规定的起运港、转运港和到达港指合同约定的或者实际履行的起运港、转运港和到达港。合同约定的起运港、转运港和到达港与实际履行的起运港、转运港和到达港不一致的，以实际履行的地点确定案件管辖。"

此外，根据《海事诉讼特别程序法》之规定，债权人可在船舶、船载货物、船用燃油以及船用物料财产所在地海事法院申请诉前财产保全。而该法第十九条规定："海事请求保全执行后，有关海事纠纷未进入诉讼或者仲裁程序的，当事人就该海事请求，可以向采取海事请求保全的海事法院或者其他有管辖权的海事法院提起诉讼，但当事人之间订有诉讼管辖协议或者仲裁协议的除外。"

基于上述法律及司法解释，可以确定，因海上货物运输合同纠纷提起的诉讼，由运输始发地（起运港）、目的地（到达港）、被告住所地、转运港所在地、采取诉前海事请求保全的海事法院管辖。

2. 内河货物运输合同

根据《民事诉讼法》第二十八条之规定，内河货物运输合同纠纷应由运输始发地、目的地或者被告住所地人民法院管辖。同时，依据《最高人民法院关于海事法院受理案件范围的规定》第二十五条的规定，通海可航水域货物运输合同纠纷案件应当由海事法院受理。比如，根据相关规定的划定，南京海事法院管辖自江苏省与安徽省交界处至江苏省浏河口之间长江干线及支线通海可航水域的内河运输；武汉海事法院管辖自四川省宜宾市合江门至安徽省和江苏省交界处的长江干线及支线通海可航水域的内河运输。① 因此，通海可航水域的内河货物运输合同纠纷应由运输始发地、目的地或者被告住所地海事法院管辖；而其他内河货物运输合同纠纷应当由运输始发地、目的地或者被告住所地的地方人民法院管辖，或者基于地方规定，由当地铁路运输法院管辖（比如，吉林省内铁路运输法院、西安铁路运输法院、广州铁路运输法院、上海铁路运输法院等）。

但是，现实中如何理解"通海可航水域"时常引发争议。

（二）航空货物运输合同

航空运输合同纠纷同样适用《民事诉讼法》第二十八条的规定，由运输始发地、目的地或者被告住所地人民法院管辖。值得注意的是，航空货物运输合同纠纷案件在某些地区由铁路运输法院或者海事法院管辖。比如，前面提及的吉林省内铁路运输法院、西安铁路运输法院、广州铁路运输法院、上海铁路运输法院。再如，2022 年 6 月海南省高级人民法院发文指定海口海事法院管辖海南省的国际多式联运合同纠纷案件和国际航空运输合同纠纷案件。②

---

① 参见《江苏省高级人民法院关于南京海事法院履职的公告》，载江苏法院网，http://www.jsfy.gov.cn/article/90090.html，最后访问时间：2024 年 5 月 10 日；《南京海事法院概况》，载南京海事法院网，https://www.njhsfy.gov.cn/zh/about/intro.html，最后访问时间：2024 年 5 月 10 日；《法院简介》，载武汉海事法院网，http://whhsfy.hbfy.gov.cn/DocManage/ViewDoc? docId =262a8d48-27ac-42f0-b991-baa219f80a24，最后访问时间：2024 年 5 月 10 日。

② 参见《海南省高级人民法院关于印发〈海南省高级人民法院关于指定海口海事法院集中受理国际多式联运合同纠纷及国际航空运输合同纠纷案件的意见〉的通知》，载海南自由贸易港网站，https://www.hnftp.gov.cn/attach/2023/2/8/2023020810491683a81dc2397d4731944eea9e32239d7f.pdf，最后访问时间：2024 年 3 月 18 日。

（三）铁路货物运输合同

根据《最高人民法院关于铁路运输法院案件管辖范围的若干规定》第三条的规定，涉及铁路运输、铁路安全、铁路财产的民事诉讼，由铁路运输法院管辖。同时结合《民事诉讼法》第二十八条之规定，铁路货物运输合同纠纷应当由铁路运输始发地、目的地或者被告住所地的铁路运输法院管辖。

（四）公路货物运输合同

根据《民事诉讼法》第二十八条的规定，因公路运输合同纠纷提起的诉讼，由运输始发地、目的地或者被告住所地人民法院管辖。此外，值得注意的是，基于地方规定，公路运输合同纠纷案件也可能被指定由特定法院集中管辖，如有的铁路运输法院集中管辖特定区域内的公路运输合同纠纷。

二、协议管辖

（一）协议管辖有效性审查

协议管辖又称约定管辖，是指双方当事人以协议的方式选择解决纠纷的管辖法院。对此，《民事诉讼法》第三十五条规定："合同或者其他财产权益纠纷的当事人可以书面协议选择被告住所地、合同履行地、合同签订地、原告住所地、标的物所在地等与争议有实际联系的地点的人民法院管辖，但不得违反本法对级别管辖和专属管辖的规定。"

从以上法律规定看，在对管辖条款进行效力审查时，应关注以下五点：

1. 约定的形式

有效的协议管辖条款应采用书面形式，具体可包括合同、数据电文、往来函件等，可体现双方就管辖机构已达成一致即可。《最高人民法院关于适用〈中华人民共和国民事诉讼法〉的解释》第二十九条对此亦有涉及，即"民事诉讼法第三十五条规定的书面协议，包括书面合同中的协议管辖条款或者诉讼前以书面形式达成的选择管辖的协议"。

2. 适用法律

在某货物运输代理有限公司与某海运股份有限公司海上货物运输合同纠纷案①中，法院认为："管辖权属于诉讼程序问题，应适用法院地法进行审理。"因此，我国法院将基于中国法律规定来认定协议管辖的有效性，而不是适用协议中选择的准据法。

3. 可以选择的案件性质

根据我国法律规定，绝大多数民商事案件都可以选择约定管辖，但涉及自然人身份、抚养、婚姻家庭、遗嘱继承以及适用特别程序的案件除外。

4. 可选择法院的范围

根据我国法律规定，协议管辖属于地域管辖的下位概念，当事人只能对地域管辖进行约定，不得违反专属管辖与级别管辖的规定。

5. 约定地点与争议案件有实际联系

双方应协议选择被告住所地、合同履行地、合同签订地、原告住所地、标的物所在地等与争议有实际联系的地点的人民法院，如不存在实际联系，则约定管辖条款无效。在该问题上，最高人民法院在汪某与俞

---

① 本案系作者团队在工作实践中收集整理而来，仅供读者研究参考。

某、颜某民间借款纠纷案①、郭某与重庆某小额贷款有限公司等小额借款合同纠纷案②等案件中有较为明确的回应，认为"（当事人）选择了与争议没有实际联系的地点的法院管辖，因超出本条规定范围，应当认定其约定无效"，在无证据材料可证明该选择地与争议有实际联系的情况下，如就此认定选择地人民法院是管辖法院，势必造成大量案件通过协议管辖进入约定法院，破坏正常的民事诉讼管辖秩序，故该协议管辖条款无效。可见，最高人民法院认为约定没有实际联系的地方法院的条款无效。但也存在例外情况，《海事诉讼特别程序法》第八条规定："海事纠纷的当事人都是外国人、无国籍人、外国企业或者组织，当事人书面协议选择中华人民共和国海事法院管辖的，即使与纠纷有实际联系的地点不在中华人民共和国领域内，中华人民共和国海事法院对该纠纷也具有管辖权。"

司法实践中，亦存在如何认定"与争议有实际联系"的不同意见。在涉外案件中尤甚。比如，各方在签订的协议中选择的准据法是约定管辖法院所在国的相关法律，是否能够认定为该国"与争议有实际联系"；再如，外商独资企业的母公司所在国是否"与争议有实际联系"。

（二）运输单证中协议管辖条款有效性审查

提单、运单、快递单等是承运人为了反复使用而事先拟定的格式文

---

① 参见最高人民法院（2020）最高法民辖 19 号民事裁定书，载中国裁判文书网，https：//wenshu. court. gov. cn/website/wenshu/181107ANFZ0BXSK4/index. html？docId=uwk8pJnpw9zFmuD7D1U7tFgWzO5/jsYu3OYgSbH41NTbftGXZEu6e5O3qNaLMqsJZ4OOl5tqlH61JxQThvhSR69wM5vncradmCKTcRnGYxYE3ZslYWKez4cWTTeohQVg，最后访问时间：2024 年 2 月 20 日。

② 参见最高人民法院（2022）最高法民辖 27 号民事裁定书，载中国裁判文书网，https：//wenshu. court. gov. cn/website/wenshu/181107ANFZ0BXSK4/index. html？docId=+kS01PPtoq5CEL5yHgx5PCb/XBsHEuKIJdSULJa5HdddHN9x1FtEe5O3qNaLMqsJZ4OOl5tqlH61JxQThvhSR69wM5vncradmCKTcRnGYxYE3ZslYWKez3LrHzLJ43+y，最后访问时间：2024 年 2 月 20 日。

件，其中可能设置有管辖条款。对这些管辖条款，法院通常都会进行较为严格的审查，尤其是提单。

提单是国际海上货物运输单证，同时具有权利凭证或者物权凭证的属性，为了保护我国当事人的诉讼权利，我国法院对提单中管辖条款的审查尤为严格。例如，在某木业有限公司与某国际货运代理有限公司海上、通海水域货物运输合同纠纷案①中，最高人民法院认为："当事人协议管辖应当约定与案件具有实际联系的地点的法院。"在某货运公司与某进出口公司海上货物运输合同纠纷案②中，浙江省高级人民法院认为："虽然涉案提单背面记载'任何对于承运人的诉讼只能在承运人经营所在地提起'，但该提单管辖条款是承运人提供的格式条款，没有托运人的签字确认，该条款排除了托运人在发生纠纷时选择管辖法院的权利，且系以英文小字体印刷于提单背面，未以明示、显著的形式区别于其他条款，同时，也无证据证明承运人已就该条款与托运人进行协商或者予以充分的提醒和释明，根据《中华人民共和国合同法》第三十九条、第四十条和《最高人民法院关于适用〈中华人民共和国合同法〉若干问题的解释（二）》第十条的规定，该管辖条款应认定无效。"在某家纺有

---

① 参见最高人民法院（2013）民提字第 243 号民事裁定书，载中国裁判文书网，https://wenshu.court.gov.cn/website/wenshu/181107ANFZ0BXSK4/index.html? docId=ZWUIqLwQkQz4swItGbHXSbsJpis4qf0igFNnEU6P3QxjAAKoCcVnNJO3qNaLMqsJZ4OOl5tqlH61JxQThvhSR69wM5vncradmCKTcRnGYxYE3ZslYWKez3nT9Ipx6gsI，最后访问时间：2024 年 2 月 20 日。

② 参见浙江省高级人民法院（2020）浙民辖终 106 号民事裁定书，载中国裁判文书网，https://wenshu.court.gov.cn/website/wenshu/181107ANFZ0BXSK4/index.html? docId=zD9uQTa5PrCFsUkpmy/jztad0+JSdj3XoZoA20ncfNvkB2TurGfHL5O3qNaLMqsJZ4OOl5tqlH61JxQThvhSR69wM5vncradmCKTcRnGYxYE3ZslYWKez1atZpEyq9bX，最后访问时间：2024 年 2 月 20 日。

限公司与某有限公司等海上货物运输合同纠纷案①中，上海市高级人民法院认为：涉案管辖权条款系印制于格式提单上的格式条款，但并无证据显示提单出具方曾采取足以引起对方注意的合理方式，向提单记载的托运人履行相关提示义务，故某家纺有限公司有权不受该条款约束，其可依据法律规定向有管辖权的法院提起诉讼。

运单、快递单等同样是承运人提供的格式文件，为了保护非格式条款提供方的诉讼权利，法院对这些运输单证管辖条款同样会进行认真审查。比如，在某物流有限公司与某服装有限公司公路货物运输合同纠纷案②中，宿迁市中级人民法院认为运输单是格式单据，"对于运输单背面的管辖条款，无证据证明双方进行了充分协商。虽然在运输单正面托运人签名处有提示托运人仔细阅读背面服务条款，但该提示字号较小，不足以引起被上诉人的注意，托运人通常也不会注意快递单背面的内容，且运输单背面记载内容较多，虽然上诉人对包括管辖条款在内的相关内容进行了加粗处理，但仍无法达到充分提醒对方注意的效果。另，上诉人提供的运输单背面服务条款中规定由甲方总部所在地法院管辖，但未明确甲方总部的地理位置，也说明双方协商不充分。格式化的管辖协议排除了托运人选择向运输始发地、目的地等地提起诉讼的权利，增加了托运人诉讼的成本，且该管辖条款约定由甲方总部所在地法院管辖，对

① 参见上海市高级人民法院（2023）沪民辖终56号民事裁定书，载中国裁判文书网，https://wenshu.court.gov.cn/website/wenshu/181107ANFZ0BXSK4/index.html? docId=8gSbm+bn46PNQsSXXOT5ibao0NtnNVs56x6WxwVNhpl55//iFPpOKZO3qNaLMqsJZ4OOl5tqlH61JxQThvhSR69wM5vncradmCKTcRnGYxYE3ZslYWKez89KbxvByJPO，最后访问时间：2024年2月20日。

② 参见江苏省宿迁市中级人民法院（2017）苏13民辖终169号民事裁定书，载中国裁判文书网，https://wenshu.court.gov.cn/website/wenshu/181107ANFZ0BXSK4/index.html? docId=pL2llrin25Z4iD60TuPPaHMQyTTwQgV98cgHOi0nvEKzkhLYLLPZMpO3qNaLMqsJZ4OOl5tqlH61JxQThvhSR69wM5vncradmCKTcRnGYxYE3ZslYWKez0OT02LcdeVR，最后访问时间：2024年2月20日。

于管辖法院的约定也不明确，故原审法院认定该管辖条款无效是正确的"。但是，在某医疗技术有限公司与某速运有限公司运输合同纠纷案①中，苏州市中级人民法院认为某速运有限公司提供的《电子运单契约条款》为预先拟定、重复使用的格式合同，关于其中的管辖条款是否有效的问题：第一，根据某速运有限公司提交的《电子证据保全系统存证报告》（由第三方厦门市某信息股份有限公司出具），存证时间为2021年7月12日，即涉案运单生成之日，该份报告显示当时的《电子运单契约条款》第三条载明"本条款履行过程中如发生争议，双方应友好协商解决。如协商不成的，应向寄件地有管辖权的人民法院提起诉讼"，且以上内容通过加黑方式予以标识。第二，法院在审理过程中用手机通过微信小程序进行了实际操作，发现下单前，需点击"阅读并同意《电子运单契约条款》"，此时会自动弹出《电子运单契约条款》内容，并要求"请上滑看完本条款再同意"，只有上滑阅读完成后，才会显示"同意本条款，下次不再提示"，点击确认后方可下单。第三，涉案《电子运单契约条款》中的管辖条款属于格式条款，但某医疗技术有限公司并未提供证据证明该条款存在法律规定的无效情形，其主张涉案管辖约定限制其权利缺乏事实依据。综上，法院认为，某速运有限公司已采取合理方式提醒用户注意其以格式条款与用户订立的管辖条款，该管辖条款不违反专属管辖和级别管辖的规定，应认定为合法有效，本案双方当事人理

---

① 参见江苏省苏州市中级人民法院（2022）苏05民辖终645号民事裁定书，载中国裁判文书网，https://wenshu.court.gov.cn/website/wenshu/181107ANFZ0BXSK4/index.html? docId=bJZNHdNjlweJcgQwClfHOA1YVNeJ8aGM/JcovSYR62JIt7PvtJstw5O3qNaLMqsJZ4OOl5tqlH61JxQThvhSR69wM5vncradmCKTcRnGYxYW7H5Q7AtpimYXb6jHb5CE，最后访问时间：2024年2月20日。

应受其约束。在刘某与某物流有限公司运输合同纠纷案①中，无锡市中级人民法院也持相同观点。

总结众多法院判决，对运输单证中协议管辖条款的有效性判定，法院既要审查其作为格式条款的效力，如提供条款一方是否尽到提示、说明义务，又要审查其作为管辖条款的效力，如所选择的法院所在地与案件争议有无实际联系。

（三）协议管辖对保险人的效力

在货运险的追偿纠纷中，保险人赔付后可依据《保险法》的相关规定取代被保险人的法律地位并行使对责任方的代位求偿权。该债权转让的法定性决定了保险人与被保险人之间往往不存在债权转让协议，原合同当事人，也即被保险人和被追偿方也不会对原管辖协议或者条款重新作出确认。此时保险人是否受到被保险人同第三方之间协议管辖的约束常常引起争议。

在上海某集团公司与某财产保险公司等管辖权异议纠纷案②中，最高人民法院认为："保险人代位求偿权的基础是被保险人对第三者享有债权。根据保险法第六十条的规定，因第三者对保险标的的损害而造成保险事故的，保险人自向被保险人赔偿保险金之日起，在赔偿金额范围

---

① 参见江苏省无锡市中级人民法院（2021）苏 02 民辖终 582 号民事裁定书，载中国裁判文书网，https://wenshu.court.gov.cn/website/wenshu/181107ANFZ0BXSK4/index.html? docId=+5gV9SHU9shBNYvZqysUr+RSf/DqZ6gElr0FW+0u9suhdrVbgtrdFpO3qNaLMqsJZ4OOl5tqlH61JxQThvhSR69wM5vncradmCKTcRnGYxYW7H5Q7Atpijaelnrshldlo，最后访问时间：2024 年 2 月 20 日。

② 参见最高人民法院（2015）民提字第 165 号民事裁定书，载中国裁判文书网，https://wenshu.court.gov.cn/website/wenshu/181107ANFZ0BXSK4/index.html? docId=pmAZVhQE3N7iaXCZOk8/XDnGn2Ur7Lze30KGXeGqB9k4RI0KAgqyepO3qNaLMqsJZ4OOl5tqlH61JxQThvhSR69wM5vncradmCKTcRnGYxYW7H5Q7AtpimQkFHlRcddC，最后访问时间：2024 年 2 月 20 日。

内代位行使被保险人对第三者请求赔偿的权利。可见，保险人代位求偿权源于法律的直接规定，属于其法定权利，并非基于保险合同而产生的约定权利。在提起保险代位求偿权诉讼中，应根据保险人所代位的被保险人与第三者之间的法律关系确定管辖法院。本案中，被保险人与第三者之间所签协议管辖条款对保险人具有约束力，无须以保险人同意为前提。"

此后，《最高人民法院关于适用〈中华人民共和国保险法〉若干问题的解释（四）》第十二条明确规定："保险人以造成保险事故的第三者为被告提起代位求偿权之诉的，以被保险人与第三者之间的法律关系确定管辖法院。"根据前述规定，在协议管辖有效性得到认可的前提下，保险人应当受到被保险人同第三方之间有效的协议管辖的约束。

但是也有观点认为应当关注保险人是否同意接受协议管辖条款，如果保险人不接受则协议管辖条款对保险人无约束力。①

---

① 参见广东省高级人民法院（2019）粤民辖终 494 号民事裁定书，载中国裁判文书网，https：//wenshu. court. gov. cn/website/wenshu/181107ANFZ0BXSK4/index. html？docId=+5gV9S HU9si8G9ixaUSpbaW1ncfwnql4EbXy58NIjr16VFwtyfSi5JO3qNaLMqsJZ4OOl5tqlH61JxQThvhSR69wM 5vncradmCKTcRnGYxYW7H5Q7AtpinsAFzWZaAQy，最后访问时间：2024 年 2 月 20 日；广东省高级人民法院（2019）粤民辖终 26 号民事裁定书，载中国裁判文书网，https：//wenshu. court. gov. cn/website/wenshu/181107ANFZ0BXSK4/index. html？docId=+kS01PPtoq5AXeWZISR3mveknBk/qhcTZEba rdoaH2pFoH9ZYc+sTJO3qNaLMqsJZ4OOl5tqlH61JxQThvhSR69wM5vncradmCKTcRnGYxYW7H5Q7Atpiua0 LQZ1lig5，最后访问时间：2024 年 2 月 20 日；广东省高级人民法院（2020）粤民辖终 146-150 号民事裁定书，载中国裁判文书网，https：//wenshu. court. gov. cn/website/wenshu/181107ANFZ0BXS K4/index. html？docId=Xo/iK6Op8toG+fZn5VP3psRPuYTEtQp7wmkWmqBCNKr7nmfHmwvyz5O3qN aLMqsJZ4OOl5tqlH61JxQThvhSR69wM5vncradmCKTcRnGYxYW7H5Q7AtpirqRooLAdq0U，最后访问时间：2024 年 2 月 20 日。

三、仲裁管辖

除以上提及的协议管辖外，合同当事人约定仲裁管辖亦十分常见。当事人约定仲裁协议，事实上是排除了法院对争议的管辖权，同时也是仲裁机构或者仲裁庭获得管辖权的基础，因此，各国法律对于仲裁协议都有一套审查机制。以下简要介绍我国的相关规定。

（一）仲裁协议的效力审查

1. 约定的形式

《仲裁法》第十六条第一款规定："仲裁协议包括合同中订立的仲裁条款和以其他书面方式在纠纷发生前或者纠纷发生后达成的请求仲裁的协议。"

2. 适用法律

《涉外民事关系法律适用法》第十八条规定："当事人可以协议选择仲裁协议适用的法律。当事人没有选择的，适用仲裁机构所在地法律或者仲裁地法律。"《最高人民法院关于审理仲裁司法审查案件若干问题的规定》第十三条规定："当事人协议选择确认涉外仲裁协议效力适用的法律，应当作出明确的意思表示，仅约定合同适用的法律，不能作为确认合同中仲裁条款效力适用的法律。"可见，这里所说的"当事人协议选择确认涉外仲裁协议效力适用的法律"并非当事人约定的合同准据法，而是当事人对于仲裁协议本身约定的适用法律。

基于上述法律规定，对于仲裁协议的有效性问题，当事人可以约定准据法，而不同于协议管辖审查只能适用中国法律，这也体现了仲裁的自愿性。

3. 仲裁协议独立性

对于仲裁协议，另需注意的是其独立于合同成立生效的特点。具体体现在《仲裁法》第十九条第一款"仲裁协议独立存在，合同的变更、解除、终止或者无效，不影响仲裁协议的效力"，以及《最高人民法院关于适用〈中华人民共和国仲裁法〉若干问题的解释》第十条第二款进一步明确"当事人在订立合同时就争议达成仲裁协议的，合同未成立不影响仲裁协议的效力"的规定中。因此，在确定仲裁协议效力包括仲裁协议是否成立时，可以先行确定仲裁协议本身的效力，在确有必要时，才考虑对整个合同的效力包括合同是否成立进行认定。

4. 仲裁协议的内容

我国《仲裁法》第十六条第二款规定，仲裁协议应当具有下列内容：（1）请求仲裁的意思表示；（2）仲裁事项；（3）选定的仲裁委员会。第十七条规定："有下列情形之一的，仲裁协议无效：（一）约定的仲裁事项超出法律规定的仲裁范围的；（二）无民事行为能力人或者限制民事行为能力人订立的仲裁协议；（三）一方采取胁迫手段，迫使对方订立仲裁协议的。"第十八条进一步规定："仲裁协议对仲裁事项或者仲裁委员会没有约定或者约定不明确的，当事人可以补充协议；达不成补充协议的，仲裁协议无效。"

基于上述规定可知，有效的仲裁协议至少应满足意思表示明确、仲裁事项明确且属于仲裁委员会可受理范围、仲裁委员会选定明确三项基本要件。当然，约定仲裁协议为民事法律行为，其应满足《民法典》对于民事法律行为有效性的基本要求，如当事人具有行为能力。

最后，需要注意的是如果仲裁协议是格式条款，那么还须根据《民法典》第四百九十六条和第四百九十七条中关于格式条款效力的规定作进一步判断，如提供格式条款的一方是否尽到提示、说明义务等。

（二）租约并入提单情况下，租约仲裁条款对提单当事人的法律效力

在海上散杂货运输提单中，租约并入条款的情况十分常见。比如市场上广泛使用的康金1994提单（CONGENBILL 1994），其背面第一条即"提单正面所载明日期的租约中的所有条款和条件、特权和例外，包括法律和仲裁条款／争议解决条款，均被并入本提单"。租约中普遍存在仲裁条款，其是否约束提单当事人是一个普遍存在的问题。以下是几个案例。

在某公司与某财产保险公司海上、通海水域货物运输合同纠纷案[①]中，宁波海事法院认为："认定涉案租船合同中的仲裁条款是否有效并入涉案提单，不仅需要明示租船合同仲裁条款并入涉案提单，还必须载明租船合同当事人名称及订立日期。本案中，涉案提单虽然含有并入条款，但该条款并未明示租船合同当事人及订立日期，故本案航次租船合同未有效并入涉案提单。"二审法院浙江省高级人民法院同意一审法院观点。

在某航运公司与某财产保险公司海上、通海水域货物运输合同纠纷案[②]中，天津市高级人民法院认为："确定租约仲裁条款是否并入提单，即当事人之间是否具有仲裁条款的问题系事实问题。按照本案证据，涉案提单正面仅记载了'提单与租约一并使用''参考编号×××01'，没有

---

① 参见浙江省高级人民法院（2019）浙民辖终200号民事裁定书，载中国裁判文书网，https：//wenshu. court. gov. cn/website/wenshu/181107ANFZ0BXSK4/index. html？docId=kCEZ3yzXGmaUD+wNzXNEQfk+zbYt5VeP5Y5bxutBIz570QaKYZb8JJO3qNaLMqsJZ4OOl5tqlH61JxQThvhSR69wM5vncradmCKTcRnGYxYW7H5Q7AtpimoTjlIc7McW，最后访问时间：2024年2月20日。

② 参见天津市高级人民法院（2020）津民辖终23号民事裁定书，载中国裁判文书网，https：//wenshu. court. gov. cn/website/wenshu/181107ANFZ0BXSK4/index. html？docId=8PAXKtUruF2gRMPwNG5TSHRxUBZ5LGy5HThcvBJdgz0e1HLf+3H405O3qNaLMqsJZ4OOl5tqlH61JxQThvhSR69wM5vncradmCKTcRnGYxb5qkg/Z0c8FSGH5rQ/G98T，最后访问时间：2024年2月20日。

明确将该合同中的仲裁条款并入提单。正面左下角记载，运费支付按照2017年11月6日签署的租约，这仅表明运费的支付是依据该租船合同确定，亦不涉及仲裁条款的并入。涉案提单背面为运输条件，第一条虽记载'提单正面所载明日期的租约中的所有条款和条件、特权和例外，包括法律和仲裁条款/争议解决条款，均被并入本提单'，但该条款中关于并入仲裁条款的内容没有在提单正面予以明示，即涉案提单正面没有任何关于并入仲裁条款或法律适用条款的记载。因此，涉案提单未并入仲裁条款，租约中仲裁条款对提单持有人不具有约束力。"

在某船运公司与某财产保险公司海上、通海水域货物运输合同纠纷案①中，湖北省高级人民法院认为，涉案提单正面虽然明确提及租船合同或运输合同，并以大写、加粗的方式突出"运输条件见背面"，但具体内容并不包含甚至未提及仲裁和法律适用的问题，故提单正面所涉租船合同或运输合同中关于"纠纷应适用美国法、纽约仲裁"和"如果法律、管辖或仲裁条款没有有效地并入，则该提单应由伦敦仲裁机构根据《1996年仲裁法》及伦敦海事仲裁员协会的规则解决"的约定，均未有效并入提单，不能对某财产保险公司产生约束力。

在某航运公司与某财产保险公司海上、通海水域货物运输合同纠纷案②中，山东省高级人民法院认为："涉案提单为康金1994格式提单，提单正面为记载托运人、收货人名称和货物信息的一面，提单正面右上

---

① 参见湖北省高级人民法院（2021）鄂民辖终140号民事裁定书，载中国裁判文书网，https://wenshu.court.gov.cn/website/wenshu/181107ANFZ0BXSK4/index.html？docId=8aVj9YFuxeVS+IAeYjQFfLTD2gS08S0HmeFboeBs9hDVgFnzS7WBKpO3qNaLMqsJZ4OOl5tqlH61JxQThvhSR69wM5vncradmCKTcRnGYxYCgJyFuh1x7tymRLRTjJig，最后访问时间：2024年2月20日。

② 参见山东省高级人民法院（2022）鲁民辖终18号民事裁定书，载中国裁判文书网，https://wenshu.court.gov.cn/website/wenshu/181107ANFZ0BXSK4/index.html？docId=JVeWnAlbE1GMpkTJ/Ua7mOCtcyRD1WkHvgEy5JHsNuHK4wwVyRIZgZO3qNaLMqsJZ4OOl5tqlH61JxQThvhSR69wM5vncradmCKTcRnGYxb5qkg/Z0c8FV+ufSYYXQEo，最后访问时间：2024年2月20日。

角及背面左上角印有'与租约并用',提单正面注明'运费根据2020年6月2日租约预付',提单背面运输条款约定'背面所述租约中所有的条款和条件,除外责任和免责,包括法律适用和仲裁条款,均并入本提单'。从提单记载内容看,涉案提单未明确租约的当事人名称、租约编号等可以确定租约的准确信息,不能据此确定并入的具体是哪一份租约。本案没有充分证据证明提单上提及的租约就是上诉人所称的租约,上诉人主张的涉案租约中的仲裁条款已有效并入提单,缺乏事实和法律依据。"

总结上述案例得出,租约仲裁条款有效并入提单至少需要满足以下条件:首先,明确哪一份租约并入提单,如载明租约的签订日期、当事人。其次,明确表达租约中的仲裁条款并入提单的意思表示,而不是笼统地将租约所有条件、条款并入提单。最后,以明显的方式提示提单当事人注意并入条款,如字号加大、字体加粗等。

(三) 仲裁协议对保险人的效力

保险人在赔偿保险金之后依法取代被保险人的法律地位并行使对责任方的代位求偿权,这是一种法定债权转让。根据《最高人民法院关于适用〈中华人民共和国仲裁法〉若干问题的解释》第九条的规定,"债权债务全部或者部分转让的,仲裁协议对受让人有效,但当事人另有约定、在受让债权债务时受让人明确反对或者不知有单独仲裁协议的除外",保险人似乎应当受到被保险人同第三人订立仲裁协议的约束。最高人民法院《全国法院民商事审判工作会议纪要》第九十八条规定:"【仲裁协议对保险人的效力】被保险人和第三者在保险事故发生前达成的仲裁协议,对行使保险代位求偿权的保险人是否具有约束力,实务中存在争议。保险代位求偿权是一种法定债权转让,保险人在向被保险人赔偿保险金后，有权行使被保险人对第三者请求赔偿的权利。被保险人和第三者在保险事故发生前达成的仲裁协议，对保险人具有约束力。考虑到涉外民商事案件的处理常常涉及国际条约、国际惯例的适用，相关问题具有特殊性，故具有涉外因素的民商事纠纷案件中该问题的处理，不纳入本条规范的范围。"

基于上述规定，在非涉外案件中保险人应当受到被保险人同第三人达成仲裁协议的约束，但在涉外案件中答案仍然是不确定的。在某财产保险公司与某电气公司等保险人代位求偿权纠纷案[①]中，最高人民法院认定仲裁协议对保险人具有约束力，尽管该案同样具有涉外因素。结合目前的司法实践可以看出，如果当事人在涉外案件中约定选择国内的仲裁机构，那么法院、仲裁机构认定仲裁协议对保险人有效的可能性较大。

（四）禁诉令与反禁诉令介绍

禁诉令（Anti-suit Injunction）起源于英国，如今在英美法系国家较多采用，是由法院签发的，禁止当事人在其他国家进行相关诉讼的司法命令。它是英美法系国家保护自身管辖权（包括仲裁管辖权）的一种工具，是"一种主动但间接地干预外国法院管辖权的方式"[②]。

如前所述，在散杂货运输中租约并入提单的情形十分常见。我国内地的收货人、保险人从方便诉讼等因素考虑常常在内地法院提起诉讼，而我国内地法院对于这类并入条款审查极其严格，通常认定租约中的仲

---

① 参见最高人民法院（2019）最高法民申 236 号民事裁定书，载中国裁判文书网，https://wenshu.court.gov.cn/website/wenshu/181107ANFZ0BXSK4/index.html? docId=nQaEQdsLTgvztR8t1bkczlT4NLyHW5UQmUSZ7Aqv8jdkY9Nj6qaeopO3qNaLMqsJZ4OOl5tqlH61JxQThvhSR69wM5vncradmCKTcRnGYxb5qkg/Z0c8FUnBXQ7yWpIe，最后访问时间：2024 年 2 月 20 日。

② 伊鲁：《论中国反禁诉令制度的构建》，载《中国海商法研究》2020 年第 2 期。

裁条款对非租约当事人的货方不具有约束力。然而此类并入条款在英国法下是有效的。实践中，船方律师常常以航次租船合同中的仲裁条款有效并入提单为由向英国、新加坡及我国香港特别行政区等国家和地区的法院申请禁诉令，迫使我国当事人放弃我国内地法院对提单纠纷的管辖权。比如，笔者团队几年前经办的 K 轮案件，货物保险人赔偿收货人后，向海事法院申请诉前海事保全，扣押了当时泊靠于内地港口的 K 轮，随后在海事法院提起海上货物运输合同之诉，要求承运人，即 K 轮船舶所有人承担相应的赔偿责任。K 轮船舶所有人直接向海事法院提交担保函，海事法院解除了船舶扣押。随后，K 轮船舶所有人取得了香港特别行政区高等法院签发的禁诉令，要求货物保险人撤回在海事法院的起诉。

针对船方申请的禁诉令，国内的企业可能有以下五种做法。

1. 无视禁诉令继续我国内地诉讼

禁诉令是由法院签发的命令，违反法院命令可能会被认定为藐视法庭并被处罚，被处罚者面临着在该国家或者地区的财产可能被执行，在该国家或者地区的人员可能被拘留等不利后果。

2. 撤回我国内地诉讼

舍近求远、千里迢迢去境外诉讼或者仲裁并不是每一个企业都能够承受的，尤其对于小额案件来讲，去境外诉讼本身也不是理想选择。如果能够以放弃我国内地诉讼为条件，同船方达成一定比例的和解也不失为一个解决办法，但是这种情况下，对方手握的禁诉令相当于谈判砝码，内地企业可能要牺牲更多的利益才能够达成和解。

3. 向我国内地海事法院申请海事强制令

我国《海事诉讼特别程序法》第五十一条规定："海事强制令是指海事法院根据海事请求人的申请，为使其合法权益免受侵害，责令被请求人作为或者不作为的强制措施。"另在第五十六条对作出海事强制令规定了三个条件，包括：（1）请求人有具体的海事请求；（2）需要纠正被请求人违反法律规定或者合同约定的行为；（3）情况紧急，不立即作出海事强制令将造成损害或者使损害扩大。

可见我国的海事强制令同英美法系的禁诉令有类似之处，即均以法院命令的形式，要求当事人为一定的行为或者不为一定的行为。因此，海事强制令或许可以作为反禁诉令的一种工具。正如上述 K 轮案件中笔者团队的尝试，该案中笔者团队代表货物保险人立即向海事法院申请海事强制令，请求法院责令 K 轮船舶所有人撤回在香港高等法院申请的禁诉令，并获得海事法院的准许。

但是，上述案例是笔者见过的唯一一个以海事强制令来反禁诉令的案件。究其原因，船方申请禁诉令是否符合海事强制令的申请条件还有待分析具体案件，比如是否违反法律规定或者合同约定。

4. 行为保全

《民事诉讼法》第一百零三条第一款规定："人民法院对于可能因当事人一方的行为或者其他原因，使判决难以执行或者造成当事人其他损害的案件，根据对方当事人的申请，可以裁定对其财产进行保全、责令其作出一定行为或者禁止其作出一定行为；当事人没有提出申请的，人民法院在必要时也可以裁定采取保全措施。"前述即行为保全的规定，是一个更为宽泛的针对当事人为或不为某种行为的救济措施。从理论上讲，也可依据该规定，要求在国外申请禁诉令的一方停止或撤销禁诉令的申请。但也有观点认为："该规定过于原则化，不具有可操作性。同时，《民事诉讼法》将其与财产保全放在一起规定，在理解上容易产生偏差，将其简单地界定为行为保全制度，规制的是当事人不当处分财产的行为而非当事人滥用诉权的行为。因此，依靠《民事诉讼法》有关行为保全的简单规定来反制英国禁诉令，就目前而言，在实践上是行不通的。"①

5. 双方协商确定国内法院的管辖权

单纯的协商，船方未必肯放弃国外仲裁条款，但是在货方申请扣押船舶时有可能"说服"船方同意接受内地法院的管辖权或者放弃向境外的法院申请禁诉令。

总之，国内的公司在遇到禁诉令时应当谨慎处理，小心应对。

---

① 伊鲁：《论中国反禁诉令制度的构建》，载《中国海商法研究》2020 年第 2 期。

第四章

法律适用

本章导读

所有案件都涉及法律适用问题，其中"适"字很关键，它表示民事案件所依据的法律应当是适合的，即要求从法律的时效范围、对人或事范围、空间范围等多维度考虑所依据的法律是否适合当前案件。同时，这里的"法律"一词也应适当地作广义理解，它不仅包括宪法、法律、行政法规、地方性法规、规章、自治条例和单行条例、特别行政区的法律等正式法律渊源，还包括最高人民法院公布的司法解释、批复、公报案例等非正式法律渊源，对涉外案件而言，还包括国际条约。本章将介绍各类运输方式相关的国内法律、我国参加的国际条约以及涉外运输纠纷的法律适用问题。

一、国内法及我国参加的国际条约

2021 年 1 月 1 日起生效的《民法典》被称为"社会生活的百科全书"，它在法律体系中居于基础性地位，也是市场经济的基本法。《民法典》第三编第十九章对运输合同作了专章规定，该章内容从法律体系上来讲是对运输合同的一般规定，为各类运输合同订立和履行提供基本行为规范，也为各类运输合同纠纷的处理提供基本裁判规则。《民法典》对《铁路法》《海商法》《民用航空法》三大运输单行法的适用进行了必要补充，并对没有专门单行法调整的公路货物运输、国内水路货物运输（包括沿海货物运输、内河货物运输）和不含国际海上货物运输的多式联运合同等其他运输合同作出基本规范。

此外，我国针对不同运输方式专门制定颁布了一些单行法、司法解释，并且缔结或者参加了若干国际条约。对于国际条约，需要注意的是，我国《宪法》《民法典》并未对国际条约的适用方式作出明确规定。原《民法通则》第一百四十二条第二款规定，"中华人民共和国缔结或者参加的国际条约同中华人民共和国的民事法律有不同规定的，适用国际条约的规定，但中华人民共和国声明保留的条款除外"，但《民法典》未承袭前述规定。2023 年 12 月 28 日，最高人民法院公布《关于审理涉外民商事案件适用国际条约和国际惯例若干问题的解释》，其第一条规定："人民法院审理《中华人民共和国海商法》、《中华人民共和国票据法》、《中华人民共和国民用航空法》、《中华人民共和国海上交通安全法》调整的涉外民商事案件，涉及适用国际条约的，分别按照《中华人民共和国海商法》第二百六十八条、《中华人民共和国票据法》第九十五条、《中华人民共和国民用航空法》第一百八十四条、《中华人民共和国海上交通安全法》第一百二十一条的规定予以适用。人民法院审理上述法律调整范围之外的其他涉外民商事案件，涉及适用国际条约的，参照上述法律的规定。国际条约与中华人民共和国法律有不同规定的，适用国际条约的规定，但中华人民共和国声明保留的条款除外。"该司法解释同原《民法通则》第一百四十二条规定内容基本相同，均确定了国际条约优先适用的原则。

（一）水路货物运输合同

1. 国际海上货物运输

1993 年 7 月 1 日起施行的《海商法》是调整海上运输关系、船舶关系的专门性法律。根据《海商法》第二条第二款的规定，《海商法》第四章海上货物运输合同的规定不适用于中华人民共和国港口之间的海上货物运输，即《海商法》第四章仅调整国际海上货物运输关系。

《海商法》颁布之后，全国人大常务委员会于 1999 年颁布了《海事诉讼特别程序法》。最高人民法院又先后公布了关于无单放货、船舶碰撞、海事赔偿责任限制、涉外海事诉讼管辖、船舶扣押拍卖、海上保险、海上货运代理合同纠纷等司法解释、对下级法院具体案件请示的复函，并以若干会议纪要形式的文件指导海事审判，如 2021 年 12 月 31 日公布的《全国法院涉外商事海事审判工作座谈会会议纪要》。前述文件共同构成了我国调整国际海上货物运输的国内法规定。

《海商法》第二百六十八条第一款规定："中华人民共和国缔结或者参加的国际条约同本法有不同规定的，适用国际条约的规定；但是，中华人民共和国声明保留的条款除外。"在海事领域，中国参加了多个公约，如《国际海上人命安全公约》，该公约文件体系庞大，包含若干附则，对于海事案件相关的技术问题具有指导性意义。在国际海上货物运输合同当事人的权利义务方面，国际上存在多个国际公约，如《统一提单的若干法律规则的国际公约》（又称《海牙规则》）、《修改统一提单的若干法律规则的国际公约议定书》（又称《海牙—维斯比规则》）、《联合国海上货物运输公约》（又称《汉堡规则》）、《联合国全程或部分海上国际货物运输合同公约》（又称《鹿特丹规则》，至今未生效）。虽然我国未参加前述公约中的任何一个，但是我国《海商法》第四章的内容参考、借鉴了《海牙规则》、《海牙—维斯比规则》和《汉堡规则》的一些规定。

2. 沿海和内河货物运输

沿海和内河货物运输此前一直适用《国内水路货物运输规则》。该规则自 2001 年 1 月 1 日实施以来，在国内水路货物运输领域一直发挥着重要的作用，被国内水路货运业主体普遍接受。后来，根据《交通运输部关于废止 20 件交通运输规章的决定》，《国内水路货物运输规则》于 2016 年 5 月 30 日起正式废止。

目前，沿海和内河货物运输合同中当事人的权利和义务主要适用《民法典》。此外，《最高人民法院关于国内水路货物运输纠纷案件法律问题的指导意见》对海事法院专门管辖的沿海和内河货物运输纠纷法律适用作出了指导，指出"可以参照《国内水路货物运输规则》的有关规定"。因此，虽然《国内水路货物运输规则》已经失效，但是如果合同双方约定适用《国内水路货物运输规则》，即将该规则的内容内化为合同条款，在不违反明确法律法规的前提下，约定有效。

在某财产保险公司与某海运公司，宋某某海上、通海水域货物运输合同纠纷案①中，某饲料公司委托某海运公司将案涉玉米由靖江码头分别运往湖南长沙、岳阳和汨罗，某海运公司又与宋某某的女儿约定由宋某某所有"远东××"轮将货物从靖江运至岳阳。某海运公司与宋某某共同签名签发相关货票（运单）。涉案运单上注明了关于承运人与托运人、收货人之间的权利、义务关系和责任界限均按《国内水路货物运输规则》的相关规定。湖北省高级人民法院认为《国内水路货物运输规则》的相关内容可作为运输合同中关于权利义务的约定，约束托运人、承运人、实际承运人与收货人。

（二）航空货物运输

1996年3月1日起施行的《民用航空法》是"维护国家的领空主权和民用航空权利，保障民用航空活动安全和有秩序地进行，保护民用航空活动当事人各方的合法权益，促进民用航空事业的发展"的重要法律，其第九章对公共航空运输（包括航空旅客和货物运输）进行了专章规定。此外，中国民用航空局等关于航空器的登记、通用航空经营许可以及航空货物运输等制定、公布过多条规定，如《中国民用航空货物国内运输规则》《中国民用航空货物国际运输规则》《国内航空运输承运人赔偿责任限额规定》对于航空货物运输合同当事人的权利义务作出了具体的规定。

《民用航空法》第一百八十四条第一款规定："中华人民共和国缔结或者参加的国际条约同本法有不同规定的，适用国际条约的规定；但是，中华人民共和国声明保留的条款除外。"该条款体现了国际条约在

① 参见湖北省高级人民法院（2018）鄂民终1376号民事判决书，该案为最高人民法院发布的《2018年全国海事审判典型案例》之一，载最高人民法院网，https://www.court.gov.cn/zixun/xiangqing/183862.html，最后访问时间：2024年3月6日。

国际航空运输合同法律适用中的重要性。

在国际航空运输领域，为了避免法律冲突，有关国家于 1929 年 10 月 12 日在华沙签订了《统一国际航空运输某些规则的公约》（又称《华沙公约》）；1955 年在海牙又签订了《修改 1929 年 10 月 12 日在华沙签订的〈统一国际航空运输某些规则的公约〉的议定书》（又称《海牙议定书》）。其后，公约的签字国发现《华沙公约》及《海牙议定书》并未包括非运输合同一方所办国际航空运输的专门规则，因此，有关国家于 1961 年在瓜达拉哈拉签订了《统一非缔约承运人所办国际航空运输某些规则以补充华沙公约的公约》（又称《瓜达拉哈拉公约》）。此后，还有 1971 年签订的《修订经一九五五年九月二十八日订于海牙的议定书修正的一九二九年十月十二日在华沙签订的统一国际航空运输某些规则的公约的议定书》（又称《危地马拉城议定书》）、1975 年签订的第一号、第二号、第三号、第四号《关于修改〈统一国际航空运输某些规则的公约〉的附加议定书》（又称《蒙特利尔附加议定书》）等，这些文件共同构成了华沙公约体系，我国于 1958 年加入《华沙公约》、1975 年加入《海牙议定书》。

为适应民航运输业的新发展，1999 年，有关国家在蒙特利尔签订了新的《蒙特利尔公约》，是对华沙公约体系的现代化和一体化，但并非完全替代华沙公约体系。目前华沙公约体系与《蒙特利尔公约》为并存状态。我国是统一航空运输国际规则的积极推动者，于 2005 年加入《蒙特利尔公约》。应当注意的是，不同公约之间存在优先适用的问题。

在某注塑系统有限公司与某国际运输代理（中国）有限公司武汉分

公司航空货物运输合同纠纷①中，国际航空运输出发地和目的地分别为中国和法国，两国同时为《华沙公约》和《蒙特利尔公约》的缔约国，因此属于公约规定的"国际运输"的范畴，适用国际公约的相关条款，并且此种情况下《蒙特利尔公约》较《华沙公约》优先适用。湖北省武汉市中级人民法院依据《蒙特利尔公约》的相关规定进行了裁决。

（三）铁路货物运输

除《民法典》《铁路法》外，根据国家制定的有关方针、政策、法令，以《经济合同法》、《铁路法》和《铁路货物运输合同实施细则》（现已废止）的基本原则为依据，1991年原铁道部制定了《铁路货物运输规程》。虽《经济合同法》《铁路货物运输合同实施细则》已被废止，但《铁路货物运输规程》现行有效。

在国际铁路联运方面，我国于1954年参加了《国际铁路货物联运协定》。在某贸易公司、某集团、某对外经济技术合作集团铁路货物运输合同纠纷案②中，最高人民法院认为，该案为国际铁路货物联运合同纠纷，审查的重点为二审裁定适用《国际铁路货物联运协定》是否错误。案涉货物运输系经蒙古国和我国铁路进行的国际铁路货物联运，某

---

① 参见《人民法院为"一带一路"建设提供司法服务和保障的典型案例》之案例五，载最高人民法院网，https://www.court.gov.cn/zixun/xiangqing/14897.html，最后访问时间：2024年3月18日；武汉市中级人民法院（2012）鄂武汉中民商外初字第00012号民事判决书，载中国裁判文书网，https://wenshu.court.gov.cn/website/wenshu/181107ANFZ0BXSK4/index.html?docId=cZgj5z4bDZNdtX/M/hDmUvLHUe4jkkvAn0wlVkX+1evqyhnl2zs8n/UKq3u+IEo4Jr3CPez96liVUtoVNbAhra9wM5vncradmCKTcRnGYxY+pmMUNwFkpTNH61c8U5JE，最后访问时间：2024年3月12日。

② 参见最高人民法院（2022）最高法民申150号民事裁定书，载中国裁判文书网，https://wenshu.court.gov.cn/website/wenshu/181107ANFZ0BXSK4/index.html?docId=nOE3NrYf+UZgJe2N1hUl/b8a89b79aBVx10/b2pAQxY5n/r5/zsDnfUKq3u+IEo4Jr3CPez96liVUtoVNbAhra9wM5vncradmCKTcRnGYxaHS+7zUWgB3ODGPPKCfIY2，最后访问时间：2024年2月27日。

贸易公司提起本案诉讼依据的运单由起运站承运人依据《国际铁路货物联运协定》制发。蒙古国和我国均为《国际铁路货物联运协定》的成员国，根据该协定第一条的规定，经成员国铁路的国际铁路直通货物联运，由协定规定。该协定对货物交付、承运人责任以及索赔等问题做出了规定，某贸易公司关于《国际铁路货物联运协定》对"无单无货"或保管不善导致货物灭失没有规定的申请理由不能成立。某贸易公司依据国际铁路联运合同提起本案诉讼，主张某集团、某对外经济技术合作集团应对货物的错误交付承担连带赔偿责任，二审裁定确定本案为国际铁路货物联运合同纠纷，并适用《国际铁路货物联运协定》进行审理，适用法律正确。从最高人民法院在该案中的观点来看，我国参加的国际条约在国内民事案件中可以直接适用，甚至优先适用。

还应当注意，《国际铁路货物联运协定》修订较为频繁，反映出这方面的实践发展非常迅速，适用时应当注意有效的版本。

（四）公路货物运输

公路货物运输合同最主要适用的法律为《民法典》，其第十九章对托运人如实申报义务、提货、检货要求、运输过程中货物毁损、灭失的责任承担等问题均有具体规定。另外，某些公路货物运输案件可能涉及《道路交通安全法》、《道路交通安全法实施条例》及《道路运输条例》等专门规定。

在公路运输方面，中国于 2016 年签署了《国际公路运输公约》（简称 TIR 公约），该公约旨在简化跨境货物运输的海关手续，促进国际货物运输的发展。2022 年交通运输部公布《国际道路运输管理规定》，该规定主要是从行政管理的角度规范国际道路运输经营活动。

二、涉外运输合同纠纷的法律适用

（一）一般原则

根据《最高人民法院关于适用〈中华人民共和国涉外民事关系法律适用法〉若干问题的解释（一）》第一条的规定，所谓"涉外"，应当包括主体涉外（如合同当事人是外国自然人、法人或者其他组织）、标的物涉外（如货物在中国领域外）、法律事实涉外（如货损事故发生在中国领域外）或者其他涉外情形。当案件涉及不同的国家时，就需要考虑适用哪个国家的法律。同时，根据我国目前的司法实践，涉港澳台案件比照涉外案件处理。例如，《最高人民法院关于适用〈中华人民共和国涉外民事关系法律适用法〉若干问题的解释（一）》第十七条规定："涉及香港特别行政区、澳门特别行政区的民事关系的法律适用问题，参照适用本规定。"最高人民法院《全国法院涉外商事海事审判工作座谈会会议纪要》第一百一十一条规定："【涉港澳台案件参照适用本纪要】涉及香港特别行政区、澳门特别行政区和台湾地区的商事海事纠纷案件，相关司法解释未作规定的，参照本纪要关于涉外商事海事纠纷案件的规定处理。"

对于涉外案件，依据《涉外民事关系法律适用法》第四十一条的规定，"当事人可以协议选择合同适用的法律。当事人没有选择的，适用履行义务最能体现该合同特征的一方当事人经常居所地法律或者其他与该合同有最密切联系的法律"。因此，我国法院对于涉外货物运输合同纠纷通常优先适用当事人选择的法律，如无约定则适用"最密切联系原则"确定准据法。

（二）法律选择条款

如果双方约定选择与合同无实际联系国家的法律，是否具有法律效力？根据《最高人民法院关于适用〈中华人民共和国涉外民事关系法律适用法〉若干问题的解释（一）》第五条的规定，"一方当事人以双方协议选择的法律与系争的涉外民事关系没有实际联系为由主张选择无效的，人民法院不予支持"，因此，在一般情况下，允许合同当事人约定与合同法律关系无实际联系的法律作为准据法。

《最高人民法院关于对中海发展股份有限公司货轮公司申请承认伦敦仲裁裁决一案的请示报告的答复》可作参考，在此答复中，最高人民法院认为，中海发展股份有限公司货轮公司（住所地：广州市）与安徽省技术进出口股份有限公司（住所地：合肥市）签订的租船协议已明确约定"在香港仲裁，适用英国法"，合同实体部分准据法约定为英国法有效。

不过，有效选择适用无实际联系国家的法律还应当满足一个前提条件，即不存在法律规定的必须适用中国法律或其他强制性规定的情形。《涉外民事关系法律适用法》第四条、第五条规定了不得约定适用外国法而应直接适用中国法的一般情形，即中华人民共和国法律对涉外民事关系有强制性规定的，应直接适用该强制性规定；外国法律的适用将损害中华人民共和国社会公共利益的，应适用中华人民共和国法律。此外，《最高人民法院关于适用〈中华人民共和国涉外民事关系法律适用法〉若干问题的解释（一）》第八条列举了关于法律适用的强制性规定："有下列情形之一，涉及中华人民共和国社会公共利益、当事人不能通过约定排除适用、无需通过冲突规范指引而直接适用于涉外民事关系的法律、行政法规的规定，人民法院应当认定为涉外民事关系法律适用法第四条规定的强制性规定：（一）涉及劳动者权益保护的；（二）涉及食品或公共卫生安全的；（三）涉及环境安全的；（四）涉及外汇管制等金融安全的；（五）涉及反垄断、反倾销的；（六）应当认定为强制性规定的其他情形。"

三、多式联运合同的法律适用

《民法典》第八百四十二条规定："货物的毁损、灭失发生于多式联运的某一运输区段的，多式联运经营人的赔偿责任和责任限额，适用调整该区段运输方式的有关法律规定；货物毁损、灭失发生的运输区段不能确定的，依照本章规定承担赔偿责任。"类似地，《海商法》第一百零五条规定，"货物的灭失或者损坏发生于多式联运的某一运输区段的，多式联运经营人的赔偿责任和责任限额，适用调整该区段运输方式的有关法律规定"，第一百零六条进一步规定，"货物的灭失或者损坏发生的运输区段不能确定的，多式联运经营人应当依照本章关于承运人赔偿责任和责任限额的规定负赔偿责任"。

基于上述法律规定，我国法律对于多式联运合同实行网状责任制，即如果发生了不可免责的货运事故，托运人可以直接向多式联运经营人索赔，多式联运经营人在赔偿时，适用货运事故发生的区段的法律规定。多式联运经营人赔偿后有权就区段承运人过失所造成的损失向区段承运人进行追偿。

在国际多式联运中会出现的新的问题：《民法典》第八百四十二条和《海商法》第一百零五条规定是否属于法律冲突规范，即"该区段运输方式的有关法律规定"是指我国的法律体系内关于特定运输方式的法律，或是损失发生地的法律，还是其他国家的法律，比如当事人约定的国家法律？

对于含国际海上运输的多式联运合同纠纷案件，《全国法院涉外商事海事审判工作座谈会会议纪要》第六十八条明确规定："具有涉外因素的多式联运合同，当事人可以协议选择多式联运合同适用的法律；当事人没有选择的，适用最密切联系原则确定适用法律。当事人就多式联运合同协议选择适用或者根据最密切联系原则适用中华人民共和国法律，但货物灭失或者损坏发生在国外某一运输区段的，人民法院应当根据海商法第一百零五条的规定，适用该国调整该区段运输方式的有关法律规定，确定多式联运经营人的赔偿责任和责任限额，不能直接根据中华人民共和国有关调整该区段运输方式的法律予以确定；有关诉讼时效的认定，仍应当适用中华人民共和国相关法律规定。"综上，在含国际海上货物运输的多式联运合同纠纷案件中，最高人民法院将《海商法》第一百零五条视为法律冲突规范予以适用。

在不含国际海上运输的多式联运合同纠纷案件中，我们注意到，我国法院对适用外国法律持十分谨慎的态度。比如在某财产保险公司与某国际货运公司等保险人代位求偿纠纷案①中，运输协议约定："法律适用：本协议的管辖和解释遵照中华人民共和国法律。"该案货损事故发生在荷兰至斯洛伐克的公路运输区段，承运人主张本案应当根据原《合同法》第三百二十一条适用调整该区段公路运输的相关法律规定，而《国际公路货物运输合同公约》作为调整欧洲国家之间公路运输的公约，应当适用于本案。一审法院和二审法院均认为本案的准据法为中华人民

---

① 参见广东省深圳市中级人民法院（2016）粤 03 民终 10255 号民事判决书，载中国裁判文书网，https：//wenshu.court.gov.cn/website/wenshu/181107ANFZ0BXSK4/index.html？docId=939AmlYaUQ/jj9d3nAwgHeKN39m175+770HyEL4PHAduyIDWR9Cl8JO3qNaLMqsJZ4OOl5tqlH61JxQThvhSR69wM5vncradmCKTcRnGYxbVlz+YACQoXagwOsYQ7U1o，最后访问时间：2024 年 2 月 27 日。

共和国法律，中国并未加入《国际公路货物运输合同公约》，当事各方也并未特别约定适用《国际公路货物运输合同公约》，因此，本案不适用《国际公路货物运输合同公约》。广东省高级人民法院在再审申请审查程序[①]中同意一审和二审法院的观点。又如，在某财产保险公司与某国际快运代理公司等保险人代位求偿纠纷案[②]中，货物由厦门空运至卢森堡机场，其后在公路运输至法兰克福机场过程中受损。一审法院和二审法院均认为案涉《货运代理协议》中没有对适用法律作出选择，应当适用履行义务最能体现该合同特征的一方当事人经常居所地法律，即中华人民共和国法律。涉案运输为多式联运，虽然多式联运经营人主张适用《国际公路货物运输合同公约》，但是中国并未参加该公约，因而本案不适用《国际公路货物运输合同公约》。

---

① 参见广东省高级人民法院（2017）粤民申 4704 号民事裁定书，载中国裁判文书网，https：//wenshu. court. gov. cn/website/wenshu/181107ANFZ0BXSK4/index. html？docId＝3n5ugZO83oKKGzHMMGitHb5DDR5KaYZtaS/r5w＋Jp4C＋pGdKT11kVpO3qNaLMqsJZ4OOl5tqlH61JxQThvhSR69wM5vncradmCKTcRnGYxbVlz＋YACQoXXXCcMJwS7l/，最后访问时间：2024 年 2 月 27 日。

② 参见福建省厦门市中级人民法院（2022）闽 02 民终 6332 号民事判决书，载中国裁判文书网，https：//wenshu. court. gov. cn/website/wenshu/181107ANFZ0BXSK4/index. html？docId＝KdfagSZnUF/ntBNvGygSDBGJPkeu4TDYC8c6MVJzUhVabEZ＋HW0bzJO3qNaLMqsJZ4OOl5tqlH61JxQThvhSR69wM5vncradmCKTcRnGYxbVlz＋YACQoXc2VeQACzbP3，最后访问时间：2024 年 2 月 27 日。

第五章

诉讼时效

本章导读

　　本章主要讲述诉讼时效。法谚有云，法律不保护权利上的睡眠者。一旦过了诉讼时效，权利人的起诉权并不会因此受到影响，但是胜诉权会受到影响，即诉讼时效期间届满的，义务人可以提出不履行义务的抗辩。因此，准确识别诉讼时效，往往是处理实体争议的一道关卡，也是我们在日常案件处理过程中面对的高频问题。为快速了解中国法诉讼时效有关内容，笔者整理如下表格：

运输方式		时效期间	运输合同当事人诉讼时效起算点	保险人代位求偿权诉讼时效起算点	中断事由
水路运输	国际海运	一年（承运人追偿时效九十日）	交付或者应当交付货物之日（承运人追偿时效，自"解决"原赔偿请求之日）。		（1）申请扣船；（2）提起诉讼、提交仲裁；（3）被请求人同意履行义务。
	沿海内河				
航空运输		二年	航空器到达目的地点、应达目的地点或运输终止之日。	自保险人取得代位求偿权之日起算。	（1）权利人向义务人提出履行请求；（2）义务人同意履行义务；（3）权利人提起诉讼或者申请仲裁；（4）与提起诉讼或者申请仲裁具有同等效力的其他情形。
其他运输方式（铁路、公路等）		三年	知道或者应当知道权利受到损害以及义务人之日。		
《国际铁路货物联运协定》适用范围内铁路运输		二个月/九个月	货物交付之日或者货物运到期限期满后三十天起。		提出索赔请求可中止诉讼时效，中断事由尚不确定。
* 注意：航空运输和铁路运输除诉讼时效问题外，还须注意异议期间（除斥期间）的问题。					
* 注意：多式联运通常依据事故发生区段的法律。					

一、一般诉讼时效规定

诉讼时效，是指权利人在一定期间内不行使权利，即在某种程度上丧失请求利益的时效制度。根据《民法典》第一百八十八条的规定，诉讼时效期间自权利人知道或者应当知道权利受到损害以及义务人之日起计算，除法律另有规定外，诉讼时效期间一般为三年。此外，诉讼时效是可变期间，会因法定事由而中断、中止。

诉讼时效中断是指在诉讼时效期间，因发生一定的法定事由，致使已经经过的时效期间统归无效，待时效中断的事由消除后，诉讼时效期间重新起算。根据《民法典》第一百九十五条的规定，诉讼时效中断的法定事由包括：（1）权利人向义务人提出履行请求；（2）义务人同意履行义务；（3）权利人提起诉讼或者申请仲裁；（4）与提起诉讼或者申请仲裁具有同等效力的其他情形。前述四种事由以下简称为"一般诉讼时效中断规则"，其中，权利人向义务人提出履行请求是最普遍的诉讼时效中断事由。根据《最高人民法院关于审理民事案件适用诉讼时效制度若干问题的规定》第八条第二项的规定，"当事人一方以发送信件或者数据电文方式主张权利，信件或者数据电文到达或者应当到达对方当事人的"，这应当认定为《民法典》第一百九十五条规定的"权利人向义务人提出履行请求"，即产生诉讼时效中断的效力。就发送信件的方式，参考《最高人民法院关于债权人在保证期间以特快专递向保证人发出逾期贷款催收通知书但缺乏保证人对邮件签收或拒收的证据能否认定债权人向保证人主张权利的请示的复函》中关于"债权人通过邮局以特快专递的方式向保证人发出逾期贷款催收通知书，在债权人能够提供特快专递邮件存根及内容的情况下，除非保证人有相反证据推翻债权人所提供的证据，应当认定债权人向保证人主张了权利"的规定，以及最高人民法院在某银行与某公司金融借款合同纠纷案①中的裁判观点，建议最好通过邮局以特快专递（EMS）的方式进行，以保证产生诉讼时效中断的效力。非 EMS 方式发送信件，如果不能证明信件已经送达，则不会产生诉讼时效中断的效力。

诉讼时效中止是指在诉讼时效期间内，因一定的法定事由产生而使权利人无法行使请求权，暂停计算诉讼时效期间。诉讼时效中止必须同时满足以下条件：（1）存在法定事由。根据《民法典》第一百九十四条的规定，前述法定事由主要包括：①不可抗力；②无民事行为能力人或者限制民事行为能力人没有法定代理人，或者法定代理人死亡、丧失民事行为能力、丧失代理权；③继承开始后未确定继承人或者遗产管理人；④权利人被义务人或者其他人控制。（2）法定事由发生在诉讼时效期间的最后六个月内。自中止时效的原因消除之日起满六个月，诉讼时效期间届满。

二、各种运输方式的诉讼时效

根据我国法律规定，不同运输方式对应的运输合同诉讼时效具有一定差异，以下将对相关法律规定进行梳理和总结。

（一）水路货物运输

根据运输的水域不同，水路货物运输可以分为国际海上货物运输以

---

① 参见最高人民法院（2015）民申字第 134 号民事裁定书，载中国裁判文书网，https：//wenshu. court. gov. cn/website/wenshu/181107ANFZ0BXSK4/index. html？docId=Rfeb02n6Y+nsGK993a8+wZKo4YlPiEtPMSP7E2aZLkZEs8GOnkR+dvUKq3u+IEo4Jr3CPez96liVUtoVNbAhra9wM5vncradmCKTcRnGYxZEFJ4n3yLRAbCb22mvwIOa，最后访问时间：2024 年 3 月 5 日。

及国内水路货物运输，后者包括沿海货物运输和内河货物运输。在我国，调整不同水域运输的法律规范有所不同，因此，有关诉讼时效的规定也有所不同。

1. 国际海上货物运输

（1）时效期间

根据《海商法》第二百五十七条的规定，"就海上货物运输向承运人要求赔偿的请求权，时效期间为一年"，这里的海上货物运输专指国际海上货物运输，我国内地与港澳台之间的运输比照国际海上货物运输适用法律。此外，承运人向第三人追偿另有九十天时效。

（2）时效起算点

根据上述第二百五十七条的规定，时效的起算点为"自承运人交付或者应当交付货物之日起计算"。

承运人追偿时效自其解决原赔偿请求之日起计算，这里的"解决"指赔偿义务明确，而不是实际支付，如原赔偿请求是通过法院诉讼解决的，根据《最高人民法院关于大连港务局与大连中远国际货运有限公司海上货物运输货损赔偿追偿纠纷一案的请示的复函》的规定，应当自承运人收到承担赔偿责任的生效判决之日起计算。

（3）时效中断

《海商法》第二百六十七条第一款、第二款规定："时效因请求人提起诉讼、提交仲裁或者被请求人同意履行义务而中断。但是，请求人撤回起诉、撤回仲裁或者起诉被裁定驳回的，时效不中断。请求人申请扣船的，时效自申请扣船之日起中断。"前述规定以下简称"海商法诉讼时效中断规则"。

对比海商法诉讼时效中断规则与一般诉讼时效中断规则，不难发现，前者所涉事由非常有限，仅包括申请扣船、提起诉讼、仲裁或者被请求人同意履行义务；而后者则较为宽泛，向相对方提出索赔请求，即可以中断时效。

2. 沿海和内河货物运输

（1）时效期间

我国沿海和内河货物运输合同关系不适用《海商法》第四章，因此2001年最高人民法院对于沿海和内河货物运输的时效作出了专门的批复，即《最高人民法院关于如何确定沿海、内河货物运输赔偿请求权时效期间问题的批复》，该批复规定，"托运人、收货人就沿海、内河货物运输合同向承运人要求赔偿的请求权，或者承运人就沿海、内河货物运输向托运人、收货人要求赔偿的请求权，时效期间为一年"。

（2）时效起算点

根据批复内容，上述一年诉讼时效的起算点为"自承运人交付或者应当交付货物之日起计算"。

（3）时效中断

2012年《最高人民法院关于国内水路货物运输纠纷案件法律问题的指导意见》中对沿海和内河货物运输的诉讼时效中断问题予以明确，其第十三条规定，"应当适用民法通则有关诉讼时效中止、中断的规定"。目前，《民法通则》已失效，相关规定已被《民法典》吸收，因此，沿海和内河货物运输诉讼时效中断应参照《民法典》第一百九十五条规定的一般诉讼时效中断规则。

（二）航空货物运输

1. 时效期间

根据《民用航空法》第一百三十五条的规定，航空运输的诉讼时效期间为二年。在《民法典》中将一般民事诉讼时效延长到三年，部分学者认为，航空运输的诉讼时效也应当延长到三年，笔者认为该观点值得商榷。

根据特别法优于一般法的原则，《民用航空法》应优先适用，航空运输的诉讼时效仍然应当是二年。同时，我国 2005 年已经签字加入《蒙特利尔公约》，该公约规定的诉讼时效同样是二年。在某财产保险公司与北京某国际货运代理有限公司等保险人代位求偿权纠纷案①中，天津市第三中级人民法院判决认定适用《民用航空法》中的二年诉讼时效："《蒙特利尔公约》第三十五条规定，自航空器到达目的地点之日、应当到达目的地点之日或者运输终止之日起两年期间内未提起诉讼的，丧失对损害赔偿的权利。上述期间的计算方法，依照案件受理法院所在地的法律规定。该条款中的'两年期间'虽未具体规定中断、中止等情形，但约定了该期间的计算方法适用案件受理法院所在地法，一审法院据此并结合《中华人民共和国民用航空法》对条款吸收的规定，认定我国国内法关于诉讼时效中断的规定同样应适用于该公约规定的两年时效，于法有据。"

2. 时效起算点

《民用航空法》和《蒙特利尔公约》均规定诉讼时效"自民用航空器到达目的地点、应当到达目的地点或者运输终止之日起计算"。

3. 时效中断

由于《民用航空法》和《蒙特利尔公约》没有对时效中断作出特殊规定，因此应当适用一般诉讼时效中断规则。

---

① 参见天津市第三中级人民法院（2021）津 03 民终 1419 号民事判决书，载中国裁判文书网，https://wenshu.court.gov.cn/website/wenshu/181107ANFZ0BXSK4/index.html? docId=H4KnwA06Y1Hs5ucuvbuDaor7nBVIXC8dWDbtiqwL/sNRXBoGh6uknZO3qNaLMqsJZ4OOl5tqlH61JxQThvhSR69wM5vncradmCKTcRnGYxbVlz+YACQoXbdlQe3s9pfY，最后访问时间：2024 年 2 月 27 日。

4. 异议期间（除斥期间）

异议期间（除斥期间）是法律规定或者当事人约定的撤销权、解除权等权利的存续期间，主要规定于《民法典》第一百九十九条中，"法律规定或者当事人约定的撤销权、解除权等权利的存续期间，除法律另有规定外，自权利人知道或者应当知道权利产生之日起计算，不适用有关诉讼时效中止、中断和延长的规定。存续期间届满，撤销权、解除权等权利消灭"。由于异议期间（除斥期间）届满，撤销权、解除权等权利消灭，因此也叫"不变期间"。

《民用航空法》第一百三十四条第二款也规定有"异议期间（除斥期间）"，即"托运行李或者货物发生损失的，旅客或者收货人应当在发现损失后向承运人提出异议。托运行李发生损失的，至迟应当自收到托运行李之日起七日内提出；货物发生损失的，至迟应当自收到货物之日起十四日内提出。托运行李或者货物发生延误的，至迟应当自托运行李或者货物交付旅客或者收货人处置之日起二十一日内提出"。同时，该条第四款规定，"除承运人有欺诈行为外，旅客或者收货人未在本条第二款规定的期间内提出异议的，不能向承运人提出索赔诉讼"。该规定性质上应当属于异议期间（除斥期间），而非诉讼时效。在宁波某快件部与宁波某时装有限公司运输合同纠纷案①中，法院直接认可上述条款的效力。同时，在某航空公司与某货运代理公司航空货物运输合同纠

---

① 参见宁波市鄞州区人民法院（2012）甬鄞望商初字第 10 号民事判决书，载中国裁判文书网，https：//wenshu. court. gov. cn/website/wenshu/181107ANFZ0BXSK4/index. html？docId＝8yAVlAKarxY+wH+v8Fn92a3OctqVMAQCiIzzLXjKPLq6avX2BlysBZO3qNaLMqsJZ4OOl5tqlH61JxQThvhSR69wM5vncradmCKTcRnGYxYCgJyFuh1x7kkYdSrQsH4K，最后访问时间：2024 年 3 月 4 日。

纷案①、甲航空公司与乙航空公司等航空货物运输合同纠纷案②及某财产保险公司与某货运公司等保险人代位求偿纠纷案③等案件中，法院亦未否认该条款的效力，而是通过确认曾在异议期间（除斥期间）内提出异议的事实，保障货方的索赔请求权。因此，在航空货物运输货损货差索赔案件中，不仅要注意诉讼时效，也要注意法定的异议期间（除斥期间）。

（三）铁路货物运输

1. 国内法

（1）时效期间

普遍观点认为铁路运输的诉讼时效应适用《民法典》的规定，即诉讼时效期间为三年。

（2）时效起算点

在没有特别法规定的情况下，应当适用《民法典》的规定，"诉讼时效期间自权利人知道或者应当知道权利受到损害以及义务人之日起计算"。

---

① 参见上海市第一中级人民法院（2014）沪一中民四（商）终字第1210号民事判决书，载中国裁判文书网，https://wenshu.court.gov.cn/website/wenshu/181107ANFZ0BXSK4/index.html？docId=yBQdAKheX77N6Xmodw9DLNWjM6n54df8QfsK7ZV1hddB6FbHUgf4AJO3qNaLMqsJZ4OOl5tqlH61JxQThvhSR69wM5vncradmCKTcRnGYxYCgJyFuh1x7reGWPL2yQZU，最后访问时间：2024年3月4日。

② 参见新疆维吾尔自治区高级人民法院（2020）新民申127号民事裁定书，载中国裁判文书网，https://wenshu.court.gov.cn/website/wenshu/181107ANFZ0BXSK4/index.html？docId=8tBhfugiiDWwSj6VrUAqW0w1f3YehNFIkLbKp6tIHDM2WYRLXIf8V5O3qNaLMqsJZ4OOl5tqlH61JxQThvhSR69wM5vncradmCKTcRnGYxY/AgzbsYGlfAzwEI5hAG8z，最后访问时间：2024年3月4日。

③ 参见广东省东莞市第一人民法院（2020）粤1971民初2962号民事判决书，载中国裁判文书网，https://wenshu.court.gov.cn/website/wenshu/181107ANFZ0BXSK4/index.html？docId=sdm5Qb3+eptPaIcawiAcgS1zByk9Wjv6h2zaiYSrkteZbkfQm7aa75O3qNaLMqsJZ4OOl5tqlH61JxQThvhSR69wM5vncradmCKTcRnGYxY/AgzbsYGlfMW+r3JUdSox，最后访问时间：2024年3月4日。

（3）时效中断

在没有特别法规定的情况下，应当适用一般诉讼时效中断规则。

（4）异议期间（除斥期间）

根据《铁路货物运输规程》第五十四条的规定，承运人同托运人或收货人相互间要求赔偿或退补费用的有效期间为 180 日，要求承运人支付违约金的有效期间为 60 日。那么如何理解上述"有效期间"呢？《铁路货物运输规程》并没有对违反上述有效期间的后果加以规定。有观点认为，可将上述有效期间解释为异议期间（除斥期间），如果收货人或发货人没有在有效期间内向铁路承运人提出索赔请求，那么收货人或发货人将丧失索赔权利。

2. 《国际铁路货物联运协定》

《国际铁路货物联运协定》在时效问题上同我国国内法律存在很大差异。

（1）时效期间

《国际铁路货物联运协定》第四十八条规定，"关于货物运到逾期的诉讼——在 2 个月期间内提出""其他理由的诉讼——在 9 个月期间内提出"。

（2）时效起算点

如果货物短少、毁损或者逾期运到，诉讼时效自货物交付收货人之日起计算；如果货物灭失，诉讼时效自货物运到期限期满后 30 日起计算；如果要求退还运送费用，诉讼时效自支付运送费用之日起计算；其他请求诉讼时效自查明提出赔偿请求依据的情况之日起计算。

（3）时效中止

根据《国际铁路货物联运协定》第四十八条第三项的规定，从提出赔偿请求之时起，时效期间即行中止。从承运人将关于全部或部分拒绝赔偿请求一事通知赔偿请求人之日起，或从承运人收到索赔请求书之日起满180日承运人未对赔偿请求未予答复的，时效期间仍然继续。可见，向承运人提出索赔请求可以中止诉讼时效（而不是中断诉讼时效），但是以同一理由重复提出的赔偿请求，不中止时效。

（4）异议期间（除斥期间）

《国际铁路货物联运协定》第四十七条规定，"只有提出相应赔偿请求后，才可提起诉讼"。未提出赔偿请求的法律后果是索赔人将丧失索赔权利。比如，在某财产保险公司与某铁路局保险人代位求偿纠纷案①中，杭州铁路运输法院认为，"根据《国际货协》诉讼相关规定，凡有权向铁路提出赔偿请求的人，即有权根据运送合同提起诉讼，只有提出赔偿请求后，才可提起诉讼。由于被告辩称应诉前对涉案货损不知情，而原告亦未提供证据证明发货人或原告曾向被告提出赔偿请求，因此本案起诉不符合受理条件"。

但是《国际铁路货物联运协定》并未明确提出索赔请求的期限要求。结合《国际铁路货物联运协定》第四十八条规定的时效期间自然可以理解，索赔请求必须在诉讼时效届满前提出，且索赔请求是提起诉讼的前提条件。

总之，目前在铁路运输方面，国内法同《国际铁路货物联运协定》关于诉讼时效的规定存在差别。关于《国际铁路货物联运协定》的理解与适用笔者目前可检索到的案例有限，因此应当如何解释相关规定仍有不确定性，比如"2个月"和"9个月"是否适用于诉讼时效中断等。

---

①　参见杭州铁路运输法院（2013）杭铁民初字第4号民事裁定书，载中国裁判文书网，https://wenshu.court.gov.cn/website/wenshu/181107ANFZ0BXSK4/index.html? docId=uAs45pMi7XVQrAl4lv1CHWSB1944broo7KbS1j7ULWRQSHMg7y27a/UKq3u+IEo4Jr3CPez96liVUtoVNbAhra9wM5vncradmCKTcRnGYxZ4ATKKlUUD8ayeQ4/cINNh，最后访问时间：2024年2月27日。

（四）公路货物运输

1. 时效期间

公路运输应当适用《民法典》第一百八十八条的规定，即"向人民法院请求保护民事权利的诉讼时效期间为三年"。

2. 时效起算点

在没有特别法规定的情况下，应当适用《民法典》的规定，即"诉讼时效期间自权利人知道或者应当知道权利受到损害以及义务人之日起计算"。

3. 时效中断

在没有特别法规定的情况下，应当适用一般诉讼时效中断规则。

（五）多式联运货物运输

根据《民法典》第八百四十二条及《海商法》第一百零五条的规定，多式联运经营人应承担网状责任，即货物的毁损、灭失发生于多式联运的某一运输区段的，多式联运经营人的赔偿责任和责任限额，适用调整该区段运输方式的有关法律规定。"该区段"在境外的，将指向境外实体法律。但前述法律规定文字上仅限于"赔偿责任和责任限额"，不包括诉讼时效。

司法实践中，我国法院对多式联运的诉讼时效问题仍然适用中国法。如货损发生在国际海运区段，那么，时效适用《海商法》的规定，与前文所述国际海上货物运输合同时效规则一致。当货物的损失发生在非海运区段，法院通常会适用该区段运输方式对应的我国法律有关时效的规定。在某海运公司与某保险公司等多式联运合同纠纷案①中，最高人民法院判决认定："《中华人民共和国海商法》没有规定有关多式联运合同的请求权的诉讼时效，本案多式联运合同项下货损赔偿请求权的诉讼时效期间，应当依据中华人民共和国在案涉运输行为发生当时所施行的法律规定即《中华人民共和国民法通则》第一百三十五条关于二年诉讼时效期间的规定予以确定。"在某物流有限公司与某电气公司多式联运合同纠纷案②中，最高人民法院作出相同的认定。前述案件皆发生在《民法总则》和《民法典》生效之前，目前类似案件应当适用《民法典》规定的三年诉讼时效期间。

此外，还有观点认为，即使货物损失发生在海运段，或者发生区段不明，也应当适用我国法律下的一般诉讼时效，而不能适用《海商法》有关时效的规定。③

三、保险人代位求偿的诉讼时效

本章以上第一部分、第二部分的内容是对发货人、收货人作为运输合同当事人向承运人索赔诉讼时效的总结。作为发货人或者收货人的保

---

① 参见最高人民法院（2018）最高法民再 196 号民事判决书，载中国裁判文书网，https：//wenshu. court. gov. cn/website/wenshu/181107ANFZ0BXSK4/index. html？ docId = wC + 7 + HE7zawQn + n7dNyQ11suPppkA2aB7V4C8+HQgEyNXzB++8CnwJO3qNaLMqsJZ4OOl5tqlH61JxQThvhSR69wM5vncradmCKTcRnGYxY/AgzbsYGlfMPW09t/S/FU，最后访问时间：2024 年 3 月 4 日。

② 参见最高人民法院（2018）最高法民申 3153 号民事裁定书，载中国裁判文书网，https：//wenshu. court. gov. cn/website/wenshu/181107ANFZ0BXSK4/index. html？ docId=5MmTp2LPNjUk1Uu54cy02ql7EmKDsG+esffzBi7Og5UH/yzlEPaacfUKq3u+IEo4Jr3CPez96liVUtoVNbAhra9wM5vncradmCKTcRnGYxbBCi82KslavzXaacN8M3fr，最后访问时间：2024 年 3 月 11 日。

③ 王淑梅主编：《海上货物运输合同纠纷案件裁判规则》，法律出版社 2021 年版，第340~358 页。

险人，在赔付货运险保单项下的损失后取得代位求偿权，其索赔诉讼时效是否同其被保险人？是否完全"穿被保险人的鞋"呢？实践中的区别在于时效起算点。

2013 年 6 月 7 日，最高人民法院公布了《关于适用〈中华人民共和国保险法〉若干问题的解释（二）》（以下简称《保险法司法解释二》）。该司法解释第十六条第二款规定，保险代位索赔的诉讼时效自保险人取得代位求偿权之日起算。

从最高人民法院民二庭编著的《最高人民法院关于保险法司法解释（二）理解与适用》[①] 中可以发现，该司法解释主要基于以下两点考虑：一是，从我国保险业经营的实际状况来看，在我国保险理赔可能因鉴定、诉讼等事由拖延很长时间，保险人对理赔流程的时间长短很难完全掌控，为了避免保险人在保险赔付前因时效期间的届满而丧失对第三人索赔的胜诉权，保护保险人的利益，司法解释采取了对保险人有利的规定；二是，保险代位属于法定的债权让与，根据最高人民法院《关于审理民事案件适用诉讼时效制度若干问题的规定》第十七条第一款规定，"债权转让的，应当认定诉讼时效从债权转让通知到达债务人之日起中断"。诉讼时效中断的效果即为诉讼时效重新起算。因此，即便规定保险代位求偿诉讼时效从被保险人知道或者应当知道权利被侵害之日起算，由于诉讼时效将在权益转让通知到达债务人时中断，其效果与自保险人获得保险代位求偿权之日起算的效果相当。最高人民法院制定该条的思路可见其保护保险人利益的政策倾向。

《保险法司法解释二》的出台，很大程度上平息了长久以来关于保

---

① 最高人民法院民事审判第二庭编著：《最高人民法院关于保险法司法解释（二）理解与适用》，人民法院出版社 2013 年版，第 375 页。

险人代位求偿权诉讼时效的争议。那么，本条是否会影响到水路货物运输保险代位求偿诉讼？前已述及，水路货物运输合同诉讼时效原本只有一年，如果适用《保险法司法解释二》，那么承运人的权利将长期处于不确定的状态。

2014 年 12 月，最高人民法院发布《关于海上保险合同的保险人行使代位请求赔偿权利的诉讼时效期间起算日的批复》，该批复规定，"海上保险合同的保险人行使代位请求赔偿权利的诉讼时效期间起算日，应按照《中华人民共和国海商法》第十三章规定的相关请求权之诉讼时效起算时间确定"，也就是说在国际海上货物运输项下保险人和被保险人的诉讼时效起算点是一致的，即"自承运人交付或者应当交付货物之日起计算"。

2021 年底，最高人民法院发布《全国法院涉外商事海事审判工作座谈会会议纪要》，其第七十五条明确规定，"沿海、内河保险合同保险人代位求偿权的诉讼时效起算日应当根据法释（2001）18 号《最高人民法院关于如何确定沿海、内河货物运输赔偿请求权时效期间问题的批复》规定的诉讼时效起算时间确定"，在沿海和内河货物运输项下，保险人和被保险人的诉讼时效起算点也是一致的，即"自承运人交付或者应当交付货物之日起计算"。

综上，关于水路货物运输，保险人行使代位求偿权的诉讼时效起算点同被保险人是一致的，都是"自承运人交付或者应当交付货物之日起计算"。但需注意，以上解释或文件，均未涉及时效中断条件，因此，沿海、内河货运险保险人的追偿时效仍可通过提出索赔的方式中断。

第六章

承运人的识别

本章导读

本章主要讲述承运人的识别。承运人及相关运方主体的身份识别，事实上是一个合同解释问题。在存在书面合同的情况下，通常识别起来较为简单，当然也存在内容含混不清或者条款相互矛盾的情况，这时就要运用合同解释的各种方法，如文义解释、体系解释、目的解释等。如果不存在书面合同，那么就需要通过分析双方之间的订约过程、履约行为、交易习惯等来准确识别各方的身份。

承运人的识别是准确锁定责任主体并达到追偿目的的基础，而由于完整的运输链条多由运输合同签订人、运输单据签发人、船舶或其他运输工具的所有人、经营人、承租人、无船承运人、相关代理人等诸多主体参与，且这些主体在绝大部分情况下并不重合，如何根据我国现有的法律规则来准确识别承运人在实践中并非易事。本章即对相关判定规则进行梳理。

一、运输合同项下的承运人

（一）一般识别方法

《民法典》第八百零九条对于运输合同的定义是"运输合同是承运人将旅客或者货物从起运地点运输到约定地点，旅客、托运人或者收货人支付票款或者运输费用的合同"。根据该定义，货物运输合同项下的承运人应当是收取运费负责将货物从起运地点运输到约定地点的人。运输合同并非要式合同，因此，并不以书面形式为必要条件。对于以书面形式成立的运输合同，其中作为承运人签字或盖章的一方即为承运人；而对于非书面形式成立的运输合同，则要根据哪方承诺或实际履行运输义务、哪方收取运费等因素来判断承运人身份。

（二）承运人的资质要求

订立合同的行为属于民事法律行为，民事法律行为虽然彰显行为人的意思自治，但是不能够超越法律允许的范围。《民法典》第一百五十三条第一款规定："违反法律、行政法规的强制性规定的民事法律行为无效。但是，该强制性规定不导致该民事法律行为无效的除外。"

就运输合同而言，常常遇到的"违反法律、行政法规的强制性规定"的情形是承运人不具有法律或者行政法规要求的经营资质。承运人不具有法律或者行政法规要求的经营资质是否当然导致运输合同无效？什么是上述条款中的"强制性规定"？最高人民法院《全国法院民商事审判工作会议纪要》第三十条对此作出解释，导致合同无效的"强制性规定"应限于"效力性强制性规定"，区别于"管理性强制性规定"，同时该文件还列举出"下列强制性规定，应当认定为'效力性强制性规定'：强制性规定涉及金融安全、市场秩序、国家宏观政策等公序良俗的；交易标的禁止买卖的，如禁止人体器官、毒品、枪支等买卖；违反特许经营规定的，如场外配资合同；交易方式严重违法的，如违反招投标等竞争性缔约方式订立的合同；交易场所违法的，如在批准的交易场所之外进行期货交易。关于经营范围、交易时间、交易数量等行政管理性质的强制性规定，一般应当认定为'管理性强制性规定'"。由于现实中违反强制性规定的情形多种多样，《最高人民法院关于适用〈中华人民共和国民法典〉合同编通则若干问题的解释》第十六条第一款对《民法典》第一百五十三条第一款再次作出解释："合同违反法律、行政法规的强制性规定，有下列情形之一，由行为人承担行政责任或者刑事责任能够实现强制性规定的立法目的的，人民法院可以依据民法典第一百五十三条第一款关于'该强制性规定不导致该民事法律行为无效的除外'的规定认定该合同不因违反强制性规定无效：（一）强制性规定虽然旨在维护社会公共秩序，但是合同的实际履行对社会公共秩序造成的影响显著轻微，认定合同无效将导致案件处理结果有失公平公正；（二）强制性规定旨在维护政府的税收、土地出让金等国家利益或者其他民事主体的合法利益而非合同当事人的民事权益，认定合同有效不会影响该规范目的的实现；（三）强制性规定旨在要求当事人一方加强风险控制、内部管理等，对方无能力或者无义务审查合同是否违反强制性规定，认定合同无效将使其承担不利后果；（四）当事人一方虽然在订立合同时违反强制性规定，但是在合同订立后其已经具备补正违反强制性规定的条件却违背诚信原则不予补正；（五）法律、司法解释规定的其他情形。"

尽管有上述司法解释，但承运人不具有法律或者行政法规要求的经营资质是否当然导致运输合同无效，以及如果合同无效，当事人应当承担怎样的后果（比如运费是否还要支付，如果发生货损应当如何承担），这些问题在理论上和司法实践中都存在争议。

对于国内水路运输承运人缺乏经营资质的情况，《最高人民法院关于国内水路货物运输纠纷案件法律问题的指导意见》第三条规定，没有取得国内水路运输经营资质的承运人签订的国内水路货物运输合同，人民法院应当认定合同无效。其第四条进一步规定，"国内水路货物运输合同无效，而且运输过程中货物发生了毁损、灭失，托运人或者收货人向承运人主张损失赔偿的，人民法院可以综合考虑托运人或者收货人和承运人对合同无效和货物损失的过错程度，依法判定相应的民事责任"。基于上述规定，目前在司法实践中，法院会根据案件的具体情况，判决承运人承担全部或者部分责任，也就是说托运人可能因疏于审查合同相对方的经营资质而需要自行承担一部分甚至 50% 的货损责任。例如，青岛某物流有限公司与烟台市某运贸有限责任公司水路货物运输合同纠纷案①中。笔者认为，该指导意见第四条不仅强调对合同无效的过错考量，更要求考量对货损发生的过错程度，实践中，即使合同承运人不具有资质，其往往会委托具有资质的船舶经营主体实际承运，此时的货物处于有资质主体的掌控之中，其是否发生货损显然与托运人签署的运输合同是否有效不具有关联性，这种情况下要求货方自行承担货损责任并不能公平分配运输合同下各方的利益，因为此时承运人仍有要求补偿运费以保证其至少无损的权利，而货主却要自行承担货损风险，二者并不对

---

① 参见山东省高级人民法院（2022）鲁民终 778 号民事判决书，载中国裁判文书网，https：//wenshu. court. gov. cn/website/wenshu/181107ANFZ0BXSK4/index. html？ docId＝y8aBPW＋o2P7p6rhoY7EltUT7fnxrptDr7L6jciePL1F78wtKT5/JfPUKq3u＋IEo4A7lFFfxysq/E71ga656JU8＋R21ljlg6gRhdhnyPq95sBuufEAnol0OvOeQa8S8zy，最后访问时间：2024 年 2 月 29 日。

等。另外,《国内水路运输管理条例》和《国内水路运输经营资质管理规定》(已失效)是对水路运输经营者进行管理规范的行政性法规,承运人作为承揽运输经营业务的主体应承担最终的资质保障义务。

在其他运输方式下,承运人缺少经营资质也可能影响合同的效力。在本章后面将要提及的某货运代理公司与某纺织品公司航空货物运输合同纠纷案①中,人民法院认为未取得航空运输销售代理资质和相关经营许可证的企业签发的空运单无效,也就是说航空运输合同无效。

铁路运输方面,根据我国《铁路运输企业准入许可办法》规定,铁路运输企业需要取得相应的行政许可。在本章后面将要提及的某物流(河北)有限公司与西藏某物流有限公司铁路运输延伸服务合同纠纷案②中,法院认定"铁路货物运输合同是指取得铁路运输许可的从事铁路货物运输的铁路运输企业与托运人、收货人之间签订的运输合同"。

总之,承运人缺少经营资质可能造成运输合同无效,而在司法实践中合同无效的后果可能是作为承运人签章的人要承担全部或者部分货损赔偿责任,也可能是法院直接将其签订的运输合同识别为其他类型的合同,如货运代理合同。

(三)承运人和货运代理人的区别

在国际货物运输业务中,有一类主体经常接受货方的委托,参与到

---

① 参见上海市第一中级人民法院(2016)沪01民终13190号民事判决书,载中国裁判文书网,https://wenshu.court.gov.cn/website/wenshu/181107ANFZ0BXSK4/index.html?docId=NFoBqWrxrKTy1Fo1bw/90Hg9JlFCS60HvKkv1aKUEMSpJOhP40oTkPUKq3u+IEo4A7lFFFxysq/E71ga656JU8+R21ljlg6gRhdhnyPq95sBuufEAnol0JUAAcqpQvAX,最后访问时间:2024年2月29日。

② 参见北京市第四中级人民法院(2022)京04民辖终22号民事裁定书,载中国裁判文书网,https://wenshu.court.gov.cn/website/wenshu/181107ANFZ0BXSK4/index.html?docId=j92DiLDzw1rJ9MZZ7z4sVM/AJe6fn8qe70eeAuj3UFopM51xiAwHc/UKq3u+IEo4Jr3CPez96liVUtoVNbAhra9wM5vncradmCKTcRnGYxZ4ATKKlUUD8e1nWvcARv+N,最后访问时间:2024年2月27日。

货物运输中，并且收取相应费用，但他们却不是承运人，而是货运代理人。《中华人民共和国国际货物运输代理业管理规定》第二条对国际货运代理的定义是"接受进出口货物收货人、发货人的委托，以委托人的名义或者以自己的名义，为委托人办理国际货物运输及相关业务并收取服务报酬的行业"。事实上，依据前述条款，很难将货运代理人和承运人相区分。而且实践中，我们常常看到名称与内容不相符，或者条款内容含糊甚至前后表述不一致的合同。因此，承运人和货运代理人的识别是实践中的一个频发问题。由于国际海上货运代理人相关案件最多，且最高人民法院已经发布《最高人民法院关于审理海上货运代理纠纷案件若干问题的规定》（以下简称《货代司法解释》），因此，我们先以国际海上货运代理人为例，来看看货运代理人与承运人的区别。

1. 国际海上货运代理人

由于国际船舶运输经营者在实践中往往不接受货主直接订舱，货主在安排运输过程中基本都要通过货运代理人实现货物运输流转中的诸多程序，货运代理人是连接货主与国际船舶运输经营者或其他运输工具经营者之间的关键一环。货运代理人名称中包含"代理人"，但是其法律地位实际上并非仅限于"代理人"身份，对此《货代司法解释》第二条明确规定，"人民法院审理海上货运代理纠纷案件，认定货运代理企业因处理海上货运代理事务与委托人之间形成代理、运输、仓储等不同法律关系的，应分别适用相关的法律规定"，该条款非常明确地指出了货运代理企业在业务开展过程中可能涉及多重身份：狭义的货运代理人，即仅作为代理人身份接受委托人的委托提供订舱、报关、报检、报验等业务；广义的货运代理人，包括作为承运人同货方订立运输合同、签发运输单证的货运代理企业；甚至还包括提供货物包装、装箱、拆箱、仓储等业务的货运代理企业。不同的身份需要分别适用不同的法律规定。

对于货运代理企业在何种情况下应识别为承运人，《货代司法解释》第四条第一款规定，"货运代理企业在处理海上货运代理事务过程中以自己的名义签发提单、海运单或者其他运输单证，委托人据此主张货运代理企业承担承运人责任的，人民法院应予支持"，即以自身名义签发运输单证等是货运代理企业被识别为承运人的基础情形，此类货运代理企业大多具有无船承运资格，系无船承运经营者。当货运代理企业并未以自己的名义签发提单、运单等典型运输单证，但在相关协议中有"向货主承诺对货物运输承担类似承运人责任"等类似表述时，货运代理企业同样应被识别为承运人。此外，"货运代理企业取得报酬的名义和方式、开具发票的种类和收费项目、当事人之间的交易习惯以及合同实际履行的其他情况"都是判断货运代理企业是否应被识别为承运人的考量因素。

当货运代理企业作为承运人时，其显然应承担承运人义务（如负责将货物安全送达目的地）同时享有承运人的权利（如主张责任限制的权利）。而当货运代理企业仅作为代理人时，根据《民法典》的相关规定，其一般只承担过错责任，当然也存在例外：

（1）《货代司法解释》第四条第二款规定："货运代理企业以承运人代理人名义签发提单、海运单或者其他运输单证，但不能证明取得承运人授权，委托人据此主张货运代理企业承担承运人责任的，人民法院应予支持。"

（2）《货代司法解释》第十一条规定："货运代理企业未尽谨慎义务，与未在我国交通主管部门办理提单登记的无船承运业务经营者订立海上货物运输合同，造成委托人损失的，应承担相应的赔偿责任。"

（3）《货代司法解释》第十二条第一款规定："货运代理企业接受未在我国交通主管部门办理提单登记的无船承运业务经营者的委托签发提单，当事人主张由货运代理企业和无船承运业务经营者对提单项下的损失承担连带责任的，人民法院应予支持。"

需要注意的是，《货代司法解释》的适用有明确限制，应与船舶代理企业进行区分。《货代司法解释》第一条载明："本规定适用于货运代理企业接受委托人委托处理与海上货物运输有关的货运代理事务时发生的下列纠纷：（一）因提供订舱、报关、报检、报验、保险服务所发生的纠纷；（二）因提供货物的包装、监装、监卸、集装箱装拆箱、分拨、中转服务所发生的纠纷；（三）因缮制、交付有关单证、费用结算所发生的纠纷；（四）因提供仓储、陆路运输服务所发生的纠纷；（五）因处理其他海上货运代理事务所发生的纠纷。"

在散杂货运输中，运输链条多以租约形式串联，货主取得的提单在多数情况下是由船舶代理企业代表提单承运人签发，有时货方会主张类推适用《货代司法解释》，进而以提单载明的承运人并未进行提单备案登记或者船舶代理企业无法提供有效授权为由要求签单的船舶代理企业承担承运人责任。对此，笔者认为，应根据签单代理企业的业务范畴以及签单授权获取中其是否具有过错等因素综合判断其是否应承担承运人责任，直接类比适用《货代司法解释》的主张在现有法律框架下缺乏充分依据。

2. 其他货运代理人

在国际航空运输、铁路运输业务中，也广泛存在货运代理人，尽管《货代司法解释》并不适用于这些领域，但其中的原理和逻辑基本相似，可以用来识别货运代理人和承运人。比如，在上海某国际货运代理有限公司与上海某国际物流有限公司货运代理合同纠纷案①中，一审法院上

---

① 参见上海铁路运输法院（2022）沪 7101 民初 98 号民事判决书，载中国裁判文书网，https://wenshu.court.gov.cn/website/wenshu/181107ANFZ0BXSK4/index.html? docId=edG9PvBd9FDAyjsNvTkm++8ngAodZO8gtleH270yE/S4N/ULkCaoEfUKq3u+IEo4A7lFFfxysq/E71ga656JU8+R21ljlg6gRhdhnyPq95sBuufEAnol0LfV3WypRC/+，最后访问时间：2024 年 2 月 29 日。

海铁路运输法院认为，根据双方当事人签订的《货物进口代理协议书》、原告提供的微信聊天记录等证据，原告系委托被告为货物进口操作代理。本案中被告代为收取涉案货物、向原告发出到货通知等操作，符合涉案货物进口代理协议的约定。而根据涉案空运提单、分提单等证据，被告并非该空运提单和相应分运单的签发人。在缺乏证据证明被告与原告订立有涉案货物的航空运输合同或者被告实际运输了涉案货物的情况下，仅凭被告提供订舱信息的行为和其收费模式，尚不足以认定其为涉案货物的航空运输承运人。在二审①过程中，上海市第三中级人民法院进一步认为，本案运输中空运单系由某航空公司签发的主运单和新加坡某公司签发的分运单共同组成，新加坡某公司以承运人的身份向案外人KS货主承揽货物并安排货物运输。因此，在涉案运输中，某航空公司是实际承运人，新加坡某公司是缔约承运人，就空运段而言，一审被告并非航空运输合同的当事人，不承担涉案货物运输的义务，其法律地位应属货运代理人，一审被告在本次运输中承担的责任应依其与一审原告的《货物进口代理协议书》而定。而根据协议约定，一审被告提供订舱信息及收取空运费等费用是其履行协议行为之一，且现有证据无法证明涉案货物损坏发生在一审被告掌管期间或因一审被告过错造成，因此，要求一审被告赔偿无法律依据。

由于货运代理企业身份的多重性，而个案又有所区别，法院对于国际航空运输、铁路运输领域中货运代理人法律地位的裁判思路和尺度与海事法院并不完全相同。比如，在某财产保险公司与某国际货运代理公

司苏州分公司等保险人代位求偿权纠纷案①中，苏州工业园区人民法院认为，"本案中双方未签订书面合同，但是某国际货运代理公司苏州分公司收取了包括运输、进出口清关、仓储处理费用等包干费用，其作为与委托人之间存在合同关系的货运代理人将货物委托其他承运人运输系国际货运代理行业的惯例，根据合同的相对性原理，与托运人订立合同的承运人应当对全程运输承担责任"。再如，法院可能把不具有相应经营资质的企业"降级"认定为货运代理人。在某物流（河北）有限公司与西藏某物流有限公司铁路运输延伸服务合同纠纷案②中，法院认为铁路货物运输合同是指取得铁路运输许可的从事铁路货物运输的铁路运输企业与托运人、收货人之间签订的运输合同。而某物流（河北）有限公司作为承运人，并未提供铁路运输许可等相关资质证明，故诉争纠纷并非《最高人民法院关于铁路运输法院案件管辖范围的若干规定》第三条第二项规定的铁路货物运输合同纠纷。而本案确系双方当事人之间因铁路货物运输引起的合同纠纷，某物流（河北）有限公司诉称自己向西藏某物流有限公司提供了代办铁路货物运输的服务，西藏某物流有限公司未支付相应服务对价。故所涉纠纷系《最高人民法院关于铁路运输法院案件管辖范围的若干规定》第三条第四项中代办托运、包装整理、仓储保管、接取送达等铁路运输延伸服务合同纠纷，属于最高人民法院规定

---

① 参见苏州工业园区人民法院（2017）苏 0591 民初 5700 号民事判决书，载中国裁判文书网，https：//wenshu. court. gov. cn/website/wenshu/181107ANFZOBXSK4/index. html？docId =1ezqk3F + LTPnXmouLR + T4dtXAvVYK4T/PwKN0Wx3zYmDm/YgbknXJPUKq3u + IEo4A7lFFfxysq/E71ga656JU8+R21ljlg6gRhdhnyPq95sBuufEAnol0M79SKNsy7JE，最后访问时间：2024 年 2 月 29 日。

② 参见北京市第四中级人民法院（2022）京 04 民辖终 22 号民事裁定书，载中国裁判文书网，https：//wenshu. court. gov. cn/website/wenshu/181107ANFZOBXSK4/index. html？docId=j92DiLDzw1rJ9MZZ7z4sVM/AJe6fn8qe70eeAuj3UFopM51xiAwHc/UKq3u+IEo4Jr3CPez96liVUtoVNbAhra9wM5vncradmCKTcRnGYxZ4ATKKlUUD8e1nWvcARv+N，最后访问时间：2024 年 2 月 27 日。

的铁路运输法院集中管辖的范围。该裁定书虽然没有指明某物流（河北）有限公司是货运代理人，但从"代办托运、包装整理、仓储保管、接取送达等铁路运输延伸服务"措辞上看，基本指向货运代理人。

二、运输单证承运人

运输单证是运输合同履行中形成的重要文件，它是运输合同的证明，有时甚至是唯一证明。运输单证种类很多，包括国际海上货物运输的提单、国内沿海和内河运输的运单、航空货物运输空运单、铁路运输运单、公路运输运单等。以下简要分析不同单证承运人识别的主要方法和原则。

（一）提单

《海商法》第七十一条规定："提单，是指用以证明海上货物运输合同和货物已经由承运人接收或者装船，以及承运人保证据以交付货物的单证。提单中载明的向记名人交付货物，或者按照指示人的指示交付货物，或者向提单持有人交付货物的条款，构成承运人据以交付货物的保证。"同时，其第七十八条第一款规定："承运人同收货人、提单持有人之间的权利、义务关系，依据提单的规定确定。"

根据上述规定，提单作为具有物权属性的海运单证不仅涉及托运人和承运人的权利义务，还涉及未参与海上运输合同订立过程中的收货人、提单持有人之利益，提单本身形成了区别于海上货物运输合同关系的单证法律关系。基于此，仅凭《海商法》第四十一条和第四十二条关于"海上货物运输合同"和"承运人"的定义并不能准确识别提单法律关系下的提单承运人身份。此外，由于海上货物运输的链条中往往涉及光船租船、定期租船、航次租船等多种复杂的租约关系，且签发提单的主体多为船舶代理公司或者船长，其签发流程和提单表面记载常存在不确定性和不规范性，这直接导致如何识别提单承运人身份成了实践中频发争议的问题。

当托运人持有提单时，一般认为其作为订立海上货物运输合同的一方当事人，应当知悉作为合同相对方的承运人身份，鉴于这种情况下提单只是海上货物运输合同的证明，承运人的识别原则应遵循《海商法》第四十二条第一项的规定，即"'承运人'，是指本人或者委托他人以本人名义与托运人订立海上货物运输合同的人"，其中"海上货物运输合同"指承运人收取运费，负责将托运人托运的货物经海路由一港运至另一港的合同。

当提单流转至托运人以外的第三人手中时，作为未参与海上货物运输合同缔约过程的主体，其无从查明整个运输链条的缔约细节，第三人此时只能通过提单来判断承运人身份并向该承运人主张货物权利。这种情况下，提单的属性更被强调为"货物已经由承运人接收或者装船，以及承运人保证据以交付货物的单证"，是与海上货物运输合同不同的单证法律关系，因此，不宜再机械地根据《海商法》第四十二条第一项的定义去识别提单承运人。对此，《海商法》第九十五条在一定程度上提供了法律依据，其规定"对按照航次租船合同运输的货物签发的提单，提单持有人不是承租人的，承运人与该提单持有人之间的权利、义务关系适用提单的约定。但是，提单中载明适用航次租船合同条款的，适用该航次租船合同的条款"。对于此类案件中承运人的识别规则，司玉琢教授在天津海事法院审理的旺某有限公司所涉系列案件中出具了关于承运人识别的法律意见，将识别规则总结为"通常的识别方法"、"特殊的识别方法"和"推定承运人的识别方法"，值得学习和研究。更有研究者对这三种方法进行了系统阐述。① 事实上，该三种方法在司法实践中均有所应用，接下来笔者将对三种方法进行介绍。

1. "通常的识别方法"

"通常的识别方法"即根据提单表面记载来判断提单承运人身份，其中提单抬头和签发栏信息是最为重要的部分。提单抬头如果明确记载承运人名称且与签名栏中指向的承运人名称吻合，一般可以直接识别该名称对应主体为承运人，但航运实务中，滥用其他公司提单格式的现象时有发生，在这种情况下，只能进一步查明提单流转过程以及运费收取主体来确定责任主体，不能仅凭抬头要求被冒用提单的主体承担承运人责任，进而视其为诉讼相对人，而不考虑其是否具备承运人主体资格。当提单抬头印制的承运人名称与提单签发人名称不一致，而提单签发人又是以代理人（as agent）的名义在提单上签章，且未注明被代理的承运人名称时，承运人的识别问题一般应综合考虑以下情况予以判定：首先，提单签发人应当证明提单上记载的承运人在其签发提单时真实存在；其次，提单签发人应当证明其代理签发提单的行为，是按照法律的明确规定或得到了承运人的明确授权或者事后得到了承运人的追认。否则，提单签发人的行为构成无权代理，法院可以直接判定其为承运人，由其承担相关责任。②

2. "特殊的识别方法"

（1）从提单签发权利来源识别

如果提单签发栏直接载明承运人或者授权签单主体的信息，那么识别承运人自然比较容易，但实践中往往由船长签单或者船舶代理人代表

---

① 安寿志、申钟秀：《中国海商法下的承运人识别研究》，载《中国海商法研究》2022年第3期。

② 司玉琢：《海商法专论》（第三版），中国人民大学出版社2015年版，第111页。

船长签单，此时提单签发栏并不出现承运人信息，这也是争议最大的情况，此时应从提单签发的权利来源识别承运人。此种方法的识别路径为：先根据《海商法》第七十二条第二款规定的"提单由载货船舶的船长签发的，视为代表承运人签发"，得出船长或代表船长签发的提单视为代表承运人签发；再根据载货船舶的船长是被授权签发提单，以及船长由船舶所有人或光船承租人雇佣或聘任并代表后者行使职权等，查明船长签发提单的权利来源于船舶所有人或光船承租人，进而将船舶所有人或光船承租人认定为承运人。①

以上观点被诸多判决认可，笔者在此摘录部分论述以供参考。

在某服务股份公司与某国际集团有限公司、嘉兴某代理有限公司海上、通海水域货物运输合同纠纷案②中，法院认为，我国《海商法》第七十二条规定，提单由载货船舶的船长签发的，视为代表承运人签发。本案中涉案提单系嘉兴某代理有限公司根据船长授权签发。对船长的行为，某服务股份公司认为船长的行为系代表期租人，而某国际集团有限公司则认为船长的行为系代表船东即某服务股份公司。对此，根据查明的事实及现有证据，某国际集团有限公司系合法的正本提单持有人，虽然国外买家与期租人签订有航次租船合同，且涉案提单右上角载有"与租船合同一起使用"的内容，但某国际集团有限公司并非航次租船合同的当事人，且根据提单载明的内容，提单并未明确前述租船合同是指国外买家与期租人签订的航次租船合同，亦无证据证明某国际集团有限公

---

① 安寿志、申钟秀：《中国海商法下的承运人识别研究》，载《中国海商法研究》2022年第3期。

② 参见浙江省高级人民法院（2017）浙民终93号民事判决书，载中国裁判文书网，https://wenshu.court.gov.cn/website/wenshu/181107ANFZ0BXSK4/index.html? docId = 8aVj9YFuxeVX4+DoTQaqZU+CfokTV+Ba/Kwka3P8vNc17hCNgZg3r/UKq3u+IEo4A7lFFfxysq/E71ga656JU8+R21ljlg6gRhdhnyPq95sBuufEAnol0GPRqg9pUrr7，最后访问时间：2024年2月29日。

司知道或应当知道国外买家与期租人之间存在航次租船合同的情形，因此，国外买家与期租人签订的航次租船合同对某国际集团有限公司并无拘束力，某国际集团有限公司作为合法正本提单的持有人，其有权以提单为据提起本案诉讼。根据涉案船舶船长出具的授权书载明的内容，仅能表明嘉兴某代理有限公司是代表船长签发提单，而非期租人。从该授权书上加盖的印章及一审时某国际集团有限公司提供的大副收据等运输文件上所加盖的印章看，印章上船名周围均有某服务股份公司的名称。某国际集团有限公司作为涉案货物的托运人在收到上述运输文件后有理由相信其已将涉案货物交由印章所显示的公司所属的船舶承运，而不是在上述文件中从未出现过的期租人，现有证据亦不能证明在涉案货物运输过程中嘉兴某代理有限公司或其他相关公司已向某国际集团有限公司披露了期租人。虽然某服务股份公司在一审时提供了其与期租人签订的期租合同，以证明船长是期租人的雇员，并受期租人的指示行事。但该合同第十七条中 AA）提单款约定："本期租合同下使用租家格式的提单或康金提单；租家或其代理被船东授权，代表船长和/或船东，在无损本租约权益的条件下严格按照大副收据签发提单。但是，租家接受并赔偿船东因租家和/或其代理未遵照大副收据的批注签发提单而可能引起的一切后果、责任、损失或损害。如租家要求，在租家提供保函并经船东许可后，可签发第二套提单，第一套提单仅用于银行结算，只有第二套提单用于提货。所有文件应在 45 日内返还船东。"可见，期租人或其代理签发提单系根据船东某服务股份公司的授权，代表船东某服务股份公司签发提单，而不是某服务股份公司所称的船长签发提单系受期租人的授权，代表期租人签发提单。此外，该条 BB）无正本提单放货款约定："如果正本提单未及时到达卸货港，租家可以要求船东凭收货人的银行担保或租家根据船东保赔协会格式的保函释放全部货物。租家尽力在航次完成后不迟于 45 个日历日将收回的正本提单交还船东办公室，据以撤销担保函。"该约定表明在卸货港放货环节，某服务股份公司对无单放货有控制权和决定权，期租人需听从某服务股份公司的指示行事，并负责追回相应的正本提单。至于期租合同第二十七条约定，"其他的按照 1993NYPE 期租合同"，这是兜底条款，即双方未作出约定的事项按该条约定履行，对于双方已作出约定的事项按双方约定。综上，案涉提单系由嘉兴某代理有限公司代表船长签发，而涉案船长系由船东某服务股份公司雇佣并代表其行使职权，故某服务股份公司应被识别为涉案货物运输的承运人。某服务股份公司虽主张期租人系涉案货物的承运人，但其提供的证据不足以证明之，不予支持。

在某贸易会社与某海运有限公司海上、通海水域货物运输合同纠纷案①中，最高人民法院认为，对某海运有限公司提出的因涉案运输存在租约，其并不是涉案运输的承运人的抗辩，其应当承担举证责任。某海运有限公司虽然提交了其与案外人江苏某公司签订的《船舶管理合同》、江苏某公司与青岛某公司签订的《期租合同》以及青岛某公司与某船务公司签订的《航次租船合同》，但因《航次租船合同》系复印件，其真实性无法确认。故某海运有限公司的举证只能证明涉案船舶被其期租给青岛某公司的事实。江苏某公司与青岛某公司签订的期租合同中有关提单签发的约定，仅在期租合同当事人之间有效，并不能对合同之外的第三人产生效力，亦不能成为某海运有限公司免除其对外责任的依据。船代公司向某船务支付费用的行为，并不能证明船代公司与某贸易会社存

---

① 参见最高人民法院 (2016) 最高法民再 17 号民事判决书，载中国裁判文书网，ht-tps：//wenshu. court. gov. cn/website/wenshu/181107ANFZ0BXSK4/index. html? docId=m9l7mDe8rk68uzNzFMBMn5kYQ9m4kuv3dDNL0avvBIt+KZ5m96oXt/UKq3u+IEo4A7lFFfxysq/E71ga656JU8+R2lljlg6Rhdhnypq95sBuufEAnol0PQtfmTGR97D，最后访问时间：2024 年 2 月 29 日。

在运输合同关系。某海运有限公司并无证据证明青岛某公司或者船代公司与涉案提单记载的托运人某贸易会社具有运输合同关系。某海运有限公司仅以其与青岛某公司签订期租合同的事实证明其并非涉案货物运输的承运人，依据不足。在没有证据证明某贸易会社与他人存在运输合同的情况下，根据提单由船长签发并加盖载有某海运有限公司英文名称的吉某轮船章的事实，应当认定某贸易会社与某海运有限公司构成海上货物运输合同关系。某海运有限公司作为承运人，负有向托运人某贸易会社签发提单的义务。涉案提单签发后并未交付托运人某贸易会社，而是在目的港由船长交付青岛某公司，某海运有限公司并不能举证证明青岛某公司为涉案运输的承运人，故船长将签发的提单交付青岛某公司缺乏充分的理据。某贸易会社作为托运人有权向某海运有限公司要求取得提单。二审判决仅以涉案船舶已经被期租为由，认定某海运有限公司并非涉案货物运输的承运人，缺乏充分的事实和法律依据，应当予以纠正。

在旺某有限公司所涉系列海上、通海水域货物运输合同纠纷案①中，法院认为，船舶所有人未提交证据证明在订立航次期租合同时提单持有人明知航次期租承租人的存在，提单持有人并未参与航次期租合同的签订，无法依据《海商法》第四十二条第一项的承运人的定义来识别承运人，承运人的识别应以提单本身记载为据。案涉提单由装港代理代表船长签发，船长系受雇于船舶所有人，船舶所有人应为承运人。

然而在山东某实业集团有限公司与某海运有限公司海上、通海水域货物运输合同纠纷案再审案②中，最高人民法院认为，《海商法》第七十

① 本案系作者在工作实践中收集整理而来，本书收录时进行了改编。

② 参见最高人民法院（2016）最高法民申 530 号民事裁定书，载中国裁判文书网，https://wenshu.court.gov.cn/website/wenshu/181107ANFZ0BXSK4/index.html? docId=o338YswRw5zlOZE3j1miTW7f42CPzIkbYD7YIZTobaJrpommTjxwavUKq3u+IEo4A7lFFfxysq/E71ga656JU8+R21ljlg6gRhdhnyPq95sBuufEAnol0CYZZo522B55，最后访问时间：2024 年 2 月 29 日。

二条第二款在规范功能上是关于提单签发方式的规定，而不是关于识别承运人的规定。尽管第七十二条第二款的规定对识别承运人具有间接参考作用，但识别国际海上货物运输承运人的首要法律依据仍是该法第四十二条第一项关于承运人的定义。第七十二条第二款的立法主旨是原则性否定将有关船长签发提单视为代表船舶所有人签发的立场，其所针对的典型情形主要是定期租船经营方式下提单的签发。定期租船合同通常约定由承租人负责货运揽货，经营货运业务并签订运输合同，出租人负责船舶安全航行而不负责与货方签订运输合同，相应地，出租人（船舶所有人或者光船承租人等）同意承租人签发提单，如果在定期租船合同下船长签发提单而又未载明承运人名称，一般应当将定期租船的承租人识别为承运人。值得注意的是，该案有一定的特殊性，即该案为运方向货方主张运费并行使货物留置权纠纷，而非货物灭失、损坏索赔纠纷。

对此，笔者原则上认同船长签发提单时应识别船舶所有人或光租人为承运人的观点。《海商法》第七十二条第二款规定，"提单由载货船舶的船长签发的，视为代表承运人签发"，该条款的逻辑应理解为船长签单行为的后果应归属于承运人，而谁是承运人应该看船长的授权来源，然而无论期租合同如何约定，船长由船舶所有人或光租人雇佣是肯定的，即使签单要求表面是期租人下发，船长也是基于其雇主或用人单位（船舶所有人或光租人）的商业义务和利益来签单，本质上船长只是代表船舶所有人或光租人履行期租合同下的义务，其授权是基于船舶所有人或光租人的认可，否则仅凭期租合同而没有船舶所有人或光租人的同意，船长很难仅凭期租人的指示来判断是否可以签发提单。

（2）从接受无单放货保函主体识别

根据《海商法》第七十一条的定义，提单是承运人保证据此交付货物的单证，因此，承运人应在接到提单持有人提交之正本提单后交付货物，这是承运人的基本义务之一。实践中，无正本提单而要求提货的情况非常普遍，此时由于无单放货的风险由承运人承担，承运人只能通过要求提货人提供无单放货保函来规避风险，因此，此类保函的签发是为了降低承运人风险，承运人是保函的受益人。

基于以上分析，我们可以在识别承运人时重点关注无单放货保函的受益人以及就无单放货保函签发与提货人沟通之主体的身份。在前述某服务股份公司与某国际集团有限公司、嘉兴某代理有限公司海上、通海水域货物运输合同纠纷案［浙江省高级人民法院（2017）浙民终 93 号民事判决书］中，浙江省高级人民法院将无单放货保函的受益方作为识别承运人的参考因素之一。

（3）从作出提货指令权利主体识别

同样基于承运人的交货义务，在港口提货过程中，授权代理基于提单签发提货单（Delivery Order）的行为显然是在完成承运人的交货义务，因此，该主体的身份可以结合期租合同下的约定用于最终判定提单承运人。由于在提单所证明的运输合同下，只有签发提单的承运人才负有向收货人交付货物的义务，因此也应由该承运人发出指令签发提货单以完成向提单持有人交付货物的履约行为，即只有该承运人才有下达此项指令的权利。[①]

3. "推定承运人的识别方法"

当以上两种识别方法仍无法最终识别承运人时，应通过推定承运人规则来加强司法的指引性和可预见性。提单持有人只能基于提单表面记载来判定承运人的客观事实，为保护提单流转的商业特性和提单持有人

---

① 安寿志、申钟秀：《中国海商法下的承运人识别研究》，载《中国海商法研究》2022年第3期。

利益，应推定船舶所有人或光租人为承运人，除非船舶所有人或光租人提出相反的证据。此外，在旺某有限公司与上海某船务有限公司海上货物运输合同纠纷①中，上海市高级人民法院针对旺某有限公司上诉时提出，在非光船租赁的情况下，均应将船舶所有人认定为承运人，以保护提单持有人信赖利益的观点，认为"保护提单持有人的信赖利益是维护国际经济贸易秩序稳定的重要基础，但提单据其含义是用于证明海上货物运输合同和货物已经由承运人接收或者装船，以及承运人保证据以交付货物的单证。凭正本提单交付货物，是承运人必须履行的法定义务。提单持有人的信赖利益是对于其所持有的提单具有上述法律效力的信赖。而此等信赖之产生，是基于提单记载的信息以及对提单信息的依法解读。涉案提单上并未记载任何承运人信息，仅在提单正面签章处显示该提单是由'长航某某'轮船长签发。鉴于航运实践中船舶所有权和使用权分离、船长非代表船舶所有人签发提单的情况并不鲜见，我国《海商法》也并未确立可据此直接认定涉案船舶所有人为承运人之规则，将船舶所有人当然视为承运人不应落入提单持有人之'信赖'范畴。在交易中选择接受一张未载明承运人或表面难以识别承运人的提单，本身就是一种有较大风险的商业行为，作为谨慎的市场主体应当意识到由承运人的不确定性所导致的后果。此类风险可以通过合理设置信用证单证条件或其他交易安排的方式来加以规避，但不应通过寄望于将船舶所有人当然视为承运人来转嫁风险。当然，在船长签单而提单对承运人未作明确记载或显示的情况下，船舶所有人对谁是承运人或自己不是承运人负

---

① 参见上海市高级人民法院（2022）沪民终643号民事判决书，载中国裁判文书网，https://wenshu.court.gov.cn/website/wenshu/181107ANFZ0BXSK4/index.html? docId=uwk8pJnpw9zzEfAjIQDTRb0opboppEiSEUiPHF2DbVNhofHd965ScPUKq3u+IEo4A7lFFfxysq/E71ga656JU8+R21ljlg6gRhdhnyPq95sBuufEAnol0FXqo6spA6FG，最后访问时间：2024年2月29日。

有举证责任，不能举证的，可以将船舶所有人认定为承运人。"

总之，在目前的散杂货运输中，船长或者船舶代理代表船长签发提单的现象十分普遍，这种情况下如何识别承运人时常成为案件争议的焦点和难点。对此，唯有根据各个案件的情况，灵活运用各种识别方法才能破解谜题。

(二) 沿海内河运单

在国内水路货物运输中，由于挂靠以及无资质承运的乱象频出，因此在沿海内河运输中识别承运人有相对复杂的规则。

应当注意的是，《国内水路货物运输规则》被废止后，沿海内河运输下的承运人概念只能在《民法典》框架下讨论，签订水路货物运输合同应严格遵照合同相对性原则，此时的运单并非运输合同本身。

在书面订立运输合同的情况下，根据合同的记载判断承运人，如果存在船舶挂靠，对承运人的识别应参照《最高人民法院关于国内水路货物运输纠纷案件法律问题的指导意见》第九条和第十条中"挂靠船舶的实际所有人以自己的名义签订运输合同，应当认定其为运输合同承运人，承担相应的合同责任""挂靠船舶的实际所有人以被挂靠企业的名义签订运输合同，被挂靠企业亦签章予以确认，应当认定被挂靠企业为运输合同承运人，承担相应的合同责任"的规定。

根据上述指导意见第十一条的规定，在没有签订水路货物运输合同的情形下，可以依照运单上承运人的记载判断运输合同的承运人。如果运单上仅仅加盖了承运船舶的船名章，应当认定该承运船舶的登记所有人为运输合同的承运人，由其承担相应的合同责任。

但是，如本章上述提及，如果承运人不具有运输资质，人民法院应认定合同无效，综合考虑托运人或者收货人和承运人对合同无效和货物损失的过错程度，依法判定相应的民事责任。

需要强调的是，如果运输合同和运单均并入《国内水路货物运输规则》，则该规则以合同条款并入的形式适用，仍可约束各方，此时存在实际承运人概念，可以要求其和承运人之间承担连带赔偿责任。

（三）空运单

空运单承运人的识别可参考提单承运人通常的识别方法，主要关注空运单抬头和签发栏信息，但空运单承运人的识别也有其特殊性。

航空运输中存在"集中托运"的概念，是指航空货运代理公司把若干批单独发运的货物组成一批向航空公司办理托运，填写一份总运单将货物发运到同一目的站，由航空货运代理公司在目的站的代理人负责收货，并将货物分别拨交给各实际收货人的一种运输方式。在"集中托运"模式下，航空货运代理公司会以自己的名义向托运人签发分运单，而航空公司签发的总运单中往往直接将作为"集中托运人"的航空货运代理公司作为托运人列明。一般认为集中托运人和作为货主的托运人之间形成运输合同关系。然而，有观点认为，作为持有分运单的托运人，如何依据分运单识别承运人并不能单纯看分运单中的承运人记载，还要看分运单上是否披露主运单和航空公司信息。

在孟某与某货运代理公司、某航空公司航空货物运输合同纠纷案[1]中，法院认为，原告孟某所称"集中托运人"为航空货物运输实务中的操作模式，通过被告某航空公司向被告某货运代理公司出具的主运单上

---

① 参见上海市长宁区人民法院（2014）长民二（商）初字第 202 号民事判决书，载中国裁判文书网，https：//wenshu. court. gov. cn/website/wenshu/181107ANFZ0BXSK4/index. html? docId = bJZNHdNjlwepaff4kTh + Xn8w2Ul98DCduWNlidnZKqkt + v9WbIlQc/UKq3u + IEo4A7lFFfxysq/E71ga656JU8+R21ljlg6gRhdhnyPq95sBuufEAnol0ILEtjYcAhcm，最后访问时间：2024 年 2 月 29 日。

的记载可见，收货人为贺某，即原告孟某的代理人为收货人，而非被告某货运代理公司或其代理人，且收货方式注明为"自提"，同时，在贺某填写的货物运输事故记录中，亦以自行注明的货运单号为主运单的运单号，而非分运单的运单号，因此不仅不符合业界所谓"集中托运人"由货代公司自行收货或由货代公司的代理人收货的条件，也实际构成了被告某货运代理公司向原告孟某披露货物承运人为被告某航空公司的事实，原告孟某对此披露完全知情且未提出异议。因此，在系争航空货物运输法律关系中，被告某货运代理公司的法律地位应当为货物运输代理人而非"集中托运人"，并不承担承运人的责任。所以，在相对于原告孟某的法律关系中，被告某货运代理公司为被告某航空公司的代理人，而被告某货运代理公司在主运单和分运单上均注明了专属于被告某航空公司的航班编号，已经向原告孟某披露了被告某航空公司，故原告孟某对于系争航空货物运输法律关系而发生的债权债务，应当由被告某航空公司承担，而其亦具有承担相应债权债务的能力。

此外，即使分运单信息足以认定货运代理企业为"集中托运人"，有些案件还要审查其是否具有出具分运单的资质。在某货运代理公司与某纺织品公司航空货物运输合同纠纷案①中，一审法院认为，本案系航空货物运输合同的运费纠纷。某货运代理公司接受某纺织品公司出口货物的运输委托，并向其出具航空货运单分单，系从事航空运输销售代理

---

① 参见上海市长宁区人民法院（2016）沪 0105 民初 10270 号民事判决书，载中国裁判文书网，https：//wenshu.court.gov.cn/website/wenshu/181107ANFZ0BXSK4/index.html？docId＝OnIOBZEKwc/Avm23deTvSfvELgjSwzBUa/QuJBkV3ezoln727KL6T/UKq3u+IEo4A7lFFfxysq/E71ga656JU8+R21ljlg6gRhdhnyPq95sBuufEAnol0FdkJQYRDcqd，最后访问时间：2024 年 2 月 29 日；上海市第一中级人民法院（2016）沪 01 民终 13190 号民事判决书，载中国裁判文书网，https：//wenshu.court.gov.cn/website/wenshu/181107ANFZ0BXSK4/index.html？docId＝NFoBqWrxrKTy1Fo1bw/90Hg9JlFCS60HvKkv1aKUEMSpJOhP40oTkPUKq3u+IEo4A7lFFfxysq/E71ga656JU8+R21ljlg6gRhdhnyPq95sBuufEAnol0JUAAcqpQvAX，最后访问时间：2024 年 2 月 29 日。

的业务。而从事该业务，须向有关主管部门提出申请，在取得航空运输销售代理资质后，经审核认可，取得相关许可证后方可经营。即航空运输销售代理业务属于许可经营的范畴，某货运代理公司应当在取得航空运输销售代理资质和相关经营许可证，成为航空运输销售代理企业后从事该项业务。现某货运代理公司明确表示没有取得该项资质和经营许可证，所以某货运代理公司从事航空运输销售代理业务违反了我国工商管理的有关规定，其出具的航空货运单分单不具有法律意义上的效力。二审法院则认为，本案双方当事人未签订书面合同。根据某货运代理公司向某纺织品公司出具的《货物委托书》及《航空货运单》，且相关货物已实际运抵目的地的事实看，双方当事人之间为货物运输合同关系。某货运代理公司主张双方属代理合同关系，没有事实和法律依据，二审法院不予采纳。鉴于某货运代理公司未依法获得航空运输销售代理资质，其本案中的航空运输销售代理业务有违法律规定，不具法律效力。

在上述案件中，虽然理由稍有不同，但是二审法院基本认同一审法院的观点，即认为未取得航空运输销售代理资质和相关经营许可证的企业①签发的空运单无效。由于该案涉争议标的为运费，故合同无效后货损如何承担没有涉及。

---

① 根据1993年发布的《民用航空运输销售代理业管理规定》第三条第一项的规定，民用航空运输销售代理业，是指受民用航空运输企业委托，在约定的授权范围内，以委托人名义代为处理航空客货运输销售及其相关业务的营利性行业。但是前述规定于2008年废止，民用航空运输销售代理企业设立审批从行政审批改为实行自律管理。根据2019年《航空客货运输销售代理行业自律办法》第二条规定，航空运输销售代理人是指与航空运输企业签订航空运输销售代理协议，依据航空公司产品销售政策和有关规定，开展航空客、货运输销售代理业务的企业法人。

三、与承运人有关的四个法律概念

(一) 实际承运人

顾名思义，实际承运人应当是实际运输货物的人，然而作为一个法律概念，只有在法律法规有明确规定的情况下它才具有法律意义。我国现有法律框架下，《海商法》和《民用航空法》对国际海上货物运输和国际、国内航空货物运输实际承运人的定义以及权利义务作出了具体的规定。此外，《网络平台道路货物运输经营管理暂行办法》对于特定情况下的公路运输也设置了实际承运人概念，但没有突破《民法典》运输合同部分的规定，仍强调合同相对性。

1. 《海商法》

我国《海商法》下实际承运人的概念引自《汉堡规则》，根据《海商法》第四十二条第二项的规定，实际承运人是指接受承运人委托，从事货物运输或者部分运输的人，包括接受转委托从事此项运输的其他人。

从事货物运输或者部分运输的判定相对容易，一般看运输船舶的实际控制权归属于何方，如果不存在光租，则由船舶所有人实际控制，如果存在光租，则光租人为船舶实际控制主体。然而在实际承运人定义下，"受承运人委托或接受转委托"是否需要由货方举证曾一度存在争议，从目前司法实践来看，考虑到船舶所有人或光租人从事实际货物运输绝大部分情况下是基于其和承运人或相关承租人的租约，"受承运人委托或接受转委托"存在高度盖然性，故应推定船舶所有人或光租人符合实际承运人的《海商法》定义，除非其能提供相反证据。《汉堡规则》

下的实际承运人概念参考了航空运输中的《瓜达拉哈拉公约》，上述推定原则也与《瓜达拉哈拉公约》第 1 条 （c） 项设定的规则一致。

对于货损索赔，普遍认为承运人和实际承运人应承担连带责任，但根据《海商法》第六十条①的规定，仍应注意其中的特殊情况。如果实际承运人并无过错，货损是承运人过错导致，则实际承运人不与承运人承担连带赔偿责任。例如，船舶装卸货由非船舶所有权人或光租人负责时，装卸货期间的损失不属于实际承运人赔偿范围，不过由于货物在船上绑扎系固和积载属于船长船员最终监督确认的事项，由此导致的损失是否应由实际承运人赔偿要看其过错程度和占比，不应仅通过期租合同下的装卸货安排来判定。另外，《海商法》第六十一条规定，"本章对承运人责任的规定，适用于实际承运人"，但鉴于 "承运人的责任" 实际上是第四章第二节的标题，不能直接认为所有《海商法》第四章下有关承运人的规定都适用于实际承运人。

航次租船合同下是否存在实际承运人是谈及实际承运人概念时绕不开的一个话题。有观点认为，由于航次租船合同被规定在《海商法》第四章海上货物运输合同这一章节下，故该合同属于运输合同的一种，航次出租人属于承运人，故实际承运人受出租人委托或转委托从事实际运输符合实际承运人定义，航次租船合同下仍存在实际承运人概念。

然而，在艾斯欧洲集团有限公司 （以下简称艾斯公司） 与连云港明日国际海运有限公司 （以下简称连云港明日）、上海明日国际船务有限

---

① 承运人将货物运输或者部分运输委托给实际承运人履行的，承运人仍然应当依照本章规定对全部运输负责。对实际承运人承担的运输，承运人应当对实际承运人的行为或者实际承运人的受雇人、代理人在受雇或者受委托的范围内的行为负责。虽有前款规定，在海上运输合同中明确约定合同所包括的特定的部分运输由承运人以外的指定的实际承运人履行的，合同可以同时约定，货物在指定的实际承运人掌管期间发生的灭失、损坏或者迟延交付，承运人不负赔偿责任。

公司（以下简称上海明日）航次租船合同纠纷案①中，最高人民法院作出的（2011）民提字第 16 号判决书对此采用了不同观点，并将其作为公报案例予以公布。最高人民法院认为："艾斯公司主张连云港明日为航次租船合同下的实际承运人，应当与上海明日承担连带赔偿责任。本院认为，艾斯公司的主张并无法律依据。《中华人民共和国海商法》将航次租船合同作为特别的海上货物运输合同予以规定。该法第九十四条规定：'本法第四十七条和第四十九条的规定，适用于航次租船合同的出租人。本章其他有关合同当事人之间的权利、义务的规定，仅在航次租船合同没有约定或者没有不同约定时，适用于航次租船合同的出租人和承租人。'因此，航次租船合同当事人的权利义务主要来源于合同的约定。在航次租船合同有明确约定的情形下，出租人应当按照航次租船合同的约定履行义务，并履行《中华人民共和国海商法》第四十七条、第四十九条规定的义务。在航次租船合同没有约定或者没有不同约定时，出租人和承租人之间的权利义务适用《中华人民共和国海商法》第四章的规定，但并非第四章所有的规定均适用于航次租船合同的当事人，所应适用的仅为海上货物运输合同当事人即承运人和托运人之间的权利义务规定，并不包括实际承运人的规定。实际承运人是接受承运人委托，从事货物运输或者部分运输的人，包括接受转委托从事此项运输的其他人。在提单证明的海上货物运输法律关系中，法律规定承运人的责任扩大适用于非合同当事方的实际承运人，但实际承运人是接受海上货物运输承运人的委托，不是接受航次租船合同出租人的委托，实际承运人及其法定责任限定在提单的法律关系中。在提单证明的海上货物运输合同项下，合法的提单持有人可以向承运人和/或实际承运人主张提

---

① 《最高人民法院公报》2011 年第 8 期。

单上所载明的权利。实际承运人并非航次租船合同法律关系的当事方，本案艾斯公司就航次租船合同提出索赔请求，按照合同相对性原则，应由航次租船合同的出租人上海明日承担相应的责任。艾斯公司主张连云港明日为航次租船合同法律关系中的实际承运人，并无法律依据。"

该判决公布后，有观点认为，鉴于最高人民法院认定航次出租人不属于承运人，故航次租船下无论何种情况均不再有实际承运人概念。对此，笔者认为这种解读与最高人民法院的观点和《海商法》的立法本意并不相符，结合当前的相关裁判观点和学术意见，航次租船合同下的实际承运人认定应根据具体情况区分：

（1）索赔方为航次租船合同下的承租人，此时不存在实际承运人。这种情况即为（2011）民提字第16号案对应情形，根据《海商法》第九十四条的规定，航次租船合同应尊重缔约自由原则并严格遵守合同相对性，尽管《海商法》将航次租船合同一节列在第四章，但第四章的有关规定只有涉及"合同当事人之间的权利、义务"的部分才能适用，而由于实际承运人并非航次租船合同的当事人，故在航次租船合同下无实际承运人概念。在（2011）民提字第16号判决公布前，实际已经有很多学者持此观点，其主要理由是《海商法》第四章的制定多参考《汉堡规则》，而《汉堡规则》明确不调整航次租船合同，航次租船合同下的出租人不属于该规则下的承运人。

（2）索赔方是受让提单的非航次租船合同承租人，此时存在实际承运人。《海商法》第九十五条规定，"对按照航次租船合同运输的货物签发的提单，提单持有人不是承租人的，承运人与该提单持有人之间的权利、义务关系适用提单的约定"，该规定来源于《汉堡规则》第二条第三款，即明确提单持有人为非航次租船合同承租人时应依据提单法律关系认定各方权利义务，此时存在提单承运人，进而存在实际承运人。

2. 《民用航空法》

《民用航空法》第九章第四节制定了有关实际承运人的详细规则，其基本框架与《海商法》类似，也要求实际承运人与缔约承运人承担连带责任，但同时设置了如下特殊规定：

（1）实际承运人，是指根据缔约承运人的授权，履行全部或者部分运输的人，不是指第九章规定的连续承运人。

（2）缔约承运人的作为和不作为，缔约承运人的受雇人、代理人在受雇、代理范围内的作为和不作为，关系到实际承运人履行的运输的，应当视为实际承运人的作为和不作为。

（3）依照规定提出的索赔或者发出的指示，无论是向缔约承运人还是向实际承运人提出或者发出的，具有同等效力；但是，根据第一百一十九条规定（行使货物控制权）的指示，只有在向缔约承运人发出时，方有效。

（4）对实际承运人履行的运输提起的诉讼，可以分别对实际承运人或者缔约承运人提起，也可以同时对实际承运人和缔约承运人提起；被提起诉讼的承运人有权要求另一承运人参加应诉。

（二）多式联运经营人

多式联运经营人是负责履行或者组织履行多式联运合同，对全程运输享有承运人权利、承担承运人义务的主体。相关规定可见于《民法典》合同编第十九章第四节以及《海商法》第四章第八节。可见，多式联运经营人也是承运人，只不过其是通过两种或者两种以上运输方式将货物从始发地运到目的地。

值得注意的是，"运输方式"不能仅凭运输工具进行界定，还要考虑区分调整具体运输工具的不同法律规则。两段由相同类型运输工具完成的运输不一定属于同一运输方式，需要考虑所适用的法律规则是否相同。例如，国际海上货物运输和沿海货物运输的运输工具均为船舶，但二者适用不同的法律，因而属于不同的运输方式。反之，两段由不同运输工具完成的运输也并不一定属于多式联运。例如，《蒙特利尔公约》第十八条第四款规定，"航空运输期间，不包括机场外履行的任何陆路、海上或者内河运输过程。但是，此种运输是为了履行航空运输合同而装载、交付或转运的，在没有相反证明的情况下，所发生的任何损失推定为航空运输期间发生的损失"。在某财产保险公司诉某快递公司保险人代位求偿权纠纷案①中，涉案货物自广州运至墨西哥，货物在墨西哥托卢卡机场至墨西哥城内目的地的卡车运输途中因遭遇抢劫而灭失，广东省深圳市福田区人民法院认为，该损失发生在航空运输期间，因而适用《蒙特利尔公约》规定的赔偿责任限制。

我国法律下多式联运经营人的责任形式为"网状责任制"，即多式联运经营人对全程运输承担的义务，其责任适用货物灭失、损坏发生的运输区段的法律。对于无法确定灭失、损坏发生区段的情况，《民法典》第八百四十二条规定："货物的毁损、灭失发生于多式联运的某一运输区段的，多式联运经营人的赔偿责任和责任限额，适用调整该区段运输方式的有关法律规定；货物毁损、灭失发生的运输区段不能确定的，依照本章规定承担赔偿责任。"而《海商法》作为特别法，其第一百零六条规定："货物的灭失或者损坏发生的运输区段不能确定的，多式联运经营人应当依照本章关于承运人赔偿责任和责任限额的规定负赔偿责

---

① 参见广东省深圳市福田区人民法院（2018）粤0304民初33153号民事判决书，载中国裁判文书网，https：//wenshu. court. gov. cn/website/wenshu/181107ANFZ0BXSK4/index. html？docId=xtjW9zhB4bwpWxI0C4Vq1RpmDdYAiqtOMjMdWzEWwkBAiVgzzaK3Y/UKq3u+IEo4A7lFFfxysq/E71ga656JU8+R21ljlg6gRhdhnyPq95sBuufEAnol0DbRcVLLnF08，最后访问时间：2024年2月29日。

任。"可见，对于含国际海上货物运输区段的多式联运，无法确定损失发生区段时，多式联运承运人可以享受海上货物运输承运人的单位责任限制的有利规定；而对于不含国际海上货物运输的多式联运，无法确定损失发生区段时，多式联运经营人无责任限制的权利，责任较重。

（三）相继运输承运人

与多式联运容易混淆的概念是相继运输，其与多式联运合同要求两种及以上运输方式不同，相继运输强调多个承运人以同一运输方式完成运输。《海商法》下并无相继运输的概念，而《民法典》第八百三十四条对相继运输有明确规定，"两个以上承运人以同一运输方式联运的，与托运人订立合同的承运人应当对全程运输承担责任；损失发生在某一运输区段的，与托运人订立合同的承运人和该区段的承运人承担连带责任"。在符合相继运输的要件的情况下，相继运输的责任承担方式类似于《海商法》下实际承运人与承运人承担连带责任的模式。

此外，《民用航空法》第一百三十六条对航空运输领域内的相继运输作出了特别规定，只不过该法的用语是"连续运输"：

1. 由几个航空承运人办理的连续运输，接受旅客、行李或者货物的每一个承运人应当受本法规定的约束，并就其根据合同办理的运输区段作为运输合同的订约一方。

2. 对前款规定的连续运输，除合同明文约定第一承运人应当对全程运输承担责任外，旅客或者其继承人只能对发生事故或者延误的运输区段的承运人提起诉讼。托运行李或者货物的毁灭、遗失、损坏或者延误，旅客或者托运人有权对第一承运人提起诉讼，旅客或者收货人有权对最后承运人提起诉讼，旅客、托运人和收货人均可以对发生毁灭、遗失、损坏或者延误的运输区段的承运人提起诉讼。上述承运人应当对旅客、托运人或者收货人承担连带责任。

在铁路运输中，《国际铁路货物联运协定》同样存在类似规则，其设置了"接续承运人"的概念，即从缔约承运人或其他接续承运人处接运货物以继续运送并进而加入运输合同（由缔约承运人缔结）的承运人。《国际铁路货物联运协定》在定义承运人时将接续承运人涵盖在其中，此时如果可以锁定货损区间，则缔约承运人和接续承运人都应承担连带责任。

（四）港口经营人

为完成海上货物运输的货物接收和交付，在很多情况下承运人需要履行货物的装卸、仓储、港内运输等，这些工作最终将交由港口经营人完成。由于港口经营人控制货物期间货物多处于频繁移动的状态，很多货损发生在这一期间，如何认定港口经营人在整个运输环节的法律地位和责任基础就变得至关重要，尤其是港口经营人能否被纳入《海商法》第五十八条第二款的保护范围，进而享受赔偿责任限制等相关权利。

《海商法》第五十八条第一款规定，"就海上货物运输合同所涉及的货物灭失、损坏或者迟延交付对承运人提起的任何诉讼，不论海事请求人是否合同的一方，也不论是根据合同或者是根据侵权行为提起的，均适用本章关于承运人的抗辩理由和限制赔偿责任的规定"，而该条第二款则将可享受抗辩理由以及责任限制权利的主体范围进行扩大，规定"前款诉讼是对承运人的受雇人或者代理人提起的，经承运人的受雇人或者代理人证明，其行为是在受雇或者受委托的范围之内的，适用前款规定"。

上述规定属于典型的"喜马拉雅条款"，该条款最初来源于 20 世纪

50 年代的英国上议院和最高法院的判决。① 最初，该条款仅仅作为提单条款出现，是一个合同条款，而非法律规定，其适用范围也仅限于承运人的"受雇人和代理人"。此时由于承运人的责任期间基本为"钩到钩"，港口经营人的掌管期间与承运人责任期间不重合，故该阶段的"喜马拉雅条款"不保护港口经营人。之后，由于合同条款的效力争议很大，随着该条款被逐渐广泛接受，《海牙—维斯比规则》将"喜马拉雅条款"纳入立法层面。但该规则仍明确将"独立合同人"排除在外。

而到了《汉堡规则》阶段，其第七条第二款删除了《海牙—维斯比规则》下"排除独立合同人适用"的表述，我国《海商法》第五十八条第二款在措辞上与《汉堡规则》保持一致。由于我国法律体系下代理人和受雇人的法律概念与英美法系不同，《海商法》下的表述并不代表其包括了独立合同人，一般不认为港口经营人属于承运人的代理人或受雇人。

有学术观点认为应将港口经营人认定为"实际承运人"。如前文所述，实际承运人是指接受承运人委托，从事货物运输或者部分运输的人，包括接受转委托从事此项运输的其他人。从定义来看，是否属于实际承运人应首先判定该主体是否从事"货物运输"，鉴于我国《海商法》

---

① ［1954］2 Lloyd's Rep . 267，［1955］1 Q . B . 158. "喜马拉雅条款"是针对英国上诉院有关 Adler 诉 Dickson（the "Himalaya"）一案中判决而制定的。"喜马拉雅"豪华客轮由于舷梯滑动松脱，致使头等舱乘客年迈寡妇 Adler 夫人失足跌落 16 英尺下的码头，腿部受伤。因为在船票中包含了一条承运人可以免责的"不负责任条款"，Adler 夫人向船长（Dickson 先生）及水手长提起诉讼。上诉院认为，货物运输和旅客运输一样，法律允许承运人为其本人及所雇佣的履行合同的人作出规定；同时还认为，这种规定既可以是明示的也可以是默示的。至于 Dickson 先生，法庭认为，由于船票并没有包含任何可以用来保护承运人的受雇人和代理人利益的明示或默示的条款，因而 Dickson 不能受免责条款的保护，船长被判支付 6000 英镑，嗣后由船舶所有人对其补偿。自此判决作出后，特别制定的用于保护装卸工人及其他承运人的受雇人或代理人的"喜马拉雅条款"，开始被记入提单。

没有对"货物运输"进行定义，很多观点从狭义解释出发认为"货物运输"一词的含义仅限于将货物装在船舶上进行的海上运输，而不包括将货物装上或卸下船舶、装卸前后的仓储、保管行为。对此，司玉琢教授认为应对"货物运输"作体系解释，结合《海商法》其他条款的规定，"货物运输"的含义外延不限于海上运输阶段，其认为《海商法》第四十一条"海上货物运输合同，是指承运人收取运费，负责将托运人托运的货物经海路由一港运至另一港的合同"的规定是参照《汉堡规则》第一条至第六条制定的。从该定义中不难看出，《海商法》所调整的货物运输合同在地理上的区段是"港至港"。而《海商法》第四十六条第一款兼顾了《海牙规则》与《汉堡规则》承运人责任期间的规定：对于集装箱货物运输的责任期间，《海商法》采用的是《汉堡规则》模式，即"港至港"；对于非集装箱货物运输的责任期间，《海商法》采用的是《海牙规则》模式，即"钩至钩"。根据上述承运人责任期间的规定，对于集装箱货物运输，"货物运输"一词应包括装卸两港的装卸与仓储等其他港口作业；而对于非集装箱货物运输，"货物运输"一词的内涵还需要进一步参考《海商法》第四十八条（承运人的管货义务）的规定。《海商法》第四十八条规定："承运人应当妥善地、谨慎地装载、搬移、积载、运输、保管、照料和卸载所运货物。"根据该条规定，"装载、卸载"是承运人在进行"货物运输"时必须履行的法定义务，因此，在非集装箱货物运输方式下，"货物运输"一词将涵盖在装卸两港的装卸作业中，但不包括仓储等其他港口作业。①

　　基于以上论述，司玉琢教授得出结论，关于接受承运人委托从事"货物运输"的港口经营人是否为实际承运人的问题，答案应是区分两

①　司玉琢：《海商法专论》（第三版），中国人民大学出版社2015年版，第155~156页。

种情况：对于非集装箱货物运输，接受承运人委托从事装卸作业的港口经营人，由于其履行的装卸作业属于承运人的责任范围，而装卸作业又属于"货物运输"的一部分，其应具有实际承运人的法律地位，但如果港口经营人从事的是仓储等其他港口业务，则其不能被认定为是实际承运人。对集装箱货物而言，无论港口经营人履行的是装卸作业还是仓储、港内运输等其他港口作业，只要他接受的是承运人的委托，其都将具备实际承运人的法律地位。

针对上述问题，2017 年 6 月 16 日时任最高人民法院民四庭副庭长的王淑梅法官在全国海事审判实务座谈会上的总结讲话中进行了系统论述①，即一般情况下不支持港口经营人享受赔偿责任限制，理由主要如下：

港口经营人在港口作业中造成货物损失，托运人或者收货人直接以侵权起诉港口经营人的，港口经营人可援用《海商法》第五十八条的规定主张限制赔偿责任，以前不同海事法院裁判意见不一致，对《海商法》的理论认识分歧也较大。第一种观点认为，港口经营人不属于《海商法》规定的承运人的受雇人、代理人，不能依据《海商法》第五十八条的规定主张免责或限制赔偿责任。第二种观点认为，港口经营人是否有权依据《海商法》第五十八条的规定主张免责或限制赔偿责任，应当根据不同的案情，判断其是否属于《海商法》规定的承运人的受雇人或者代理人。第三种观点认为，可以将港口经营人识别为实际承运人，准许其援用承运人的责任限制抗辩。

这类问题的产生源于英国上诉法院 1954 年对"喜马拉雅"轮案的

---

① 王淑梅：《在全国海事审判实务座谈会上的总结讲话》，载叶柳东主编：《中国海事审判（2016）》，大连海事大学出版社 2019 年版，第 10~11 页。

判决，由此产生提单上约定的"喜马拉雅条款"（以下简称约定喜马拉雅条款）和《海牙—维斯比规则》第四条第二款以及之后采纳该规定的各国国内法规定的"喜马拉雅条款"（以下简称法定喜马拉雅条款）。我国《海商法》第五十八条系吸收借鉴《海牙—维斯比规则》第四条第二款的规定而来。约定喜马拉雅条款与法定喜马拉雅条款的相同之处是均明确涵盖保护承运人的受雇人、代理人；不同之处是法定条款明确排除或者不包含独立承包人（缔约人），约定条款往往明确保护独立承包人并载明承运人作为独立承包人的代理人代表其订立该条款（喜马拉雅条款）。

就法定喜马拉雅条款而言，在我国现行法律制度和港口经营状况下，适用该条款的空间几乎不存在。首先，我们应当看到，在我国，代理概念、受雇人责任与英美国家不同。在我国法律下，代理仅适用于民事法律行为，而港口经营人受船方或者货方委托进行装卸等港口作业，属于事实行为，在该工作环节中其难以成为代理人。目前我国的港口经营人基本上都是企业，受雇人一般是自然人，企业不可能成为受雇人，至多作为承运人的履约辅助人，很多情况下系作为独立承包人进行港口作业（不受承运人具体操控而独立进行作业，承运人仅协助配合）的，即使将参与港口作业的某些自然人识别为承运人的受雇人，但根据原《侵权责任法》第三十四条（现《民法典》第一千一百九十一条）的规定，受雇人在工作中造成的损害由雇主承担责任，无须所谓"受雇人"承担责任，更谈不上抗辩责任限制的问题。根据《海商法》第四十一条和第四十二条关于海上货物运输合同、承运人、实际承运人的定义，实际承运人应当是实际从事由一港到另一港的运输或者部分运输的人，但港口经营人在一港之内作业的，不能认定为实际承运人。

至于提单上约定的"喜马拉雅条款"，港口经营人是否可以援引，英美国家多数案例持支持态度，但也不完全一致，在我国原《合同法》下涉及第三人利益合同和格式合同的规定，但其对于为第三人利益的合同中第三人的权利没有明确规定，需要进一步研究。提单条款系格式条款，约定港口经营人作为独立承包人享受承运人的责任限制，很可能构成原《合同法》第四十条（现《民法典》第四百九十七条）规定的"排除对方主要权利"（免除货方大部分货损损失数额时可构成该情形）等格式条款无效的情形。

从总体上看，一般不倾向于认定港口经营人可以享受承运人的责任限制抗辩，如果有特殊情形可以再进一步研究。《海商法》为承运人规定的免责和责任限制等权利无非是基于海上风险的特殊性，而港口经营人一般不承担海上风险，不支持其享受海运承运人责任限制公平合理。

2021年，最高人民法院发布的《全国法院涉外商事海事审判工作座谈会会议纪要》第六十七条明确："根据海商法第五十八条、第六十一条的规定，就海上货物运输合同所涉及的货物灭失、损坏或者迟延交付提起的诉讼，有权适用关于承运人的抗辩理由和限制赔偿责任规定的为承运人、实际承运人、承运人和实际承运人的受雇人或者代理人。在现有法律规定下，港口经营人并不属于上述范围，其在港口作业中造成货物损失，托运人或者收货人直接以侵权起诉港口经营人，港口经营人援用海商法第五十八条、第六十一条的规定主张免责或者限制赔偿责任的，人民法院不予支持。"可以说在前述会议纪要公布之后，在司法实践层面，当托运人或者收货人直接以侵权起诉港口经营人，港口经营人不享有承运人责任限制抗辩应当是确定的。

第七章

承运人的责任期间

本章导读

本章主要讲述承运人的责任期间。承运人责任期间是《海商法》第四十六条定义的概念，是指承运人对货物运输承担责任的期间，但事实上在其他运输方式下也有相似的概念，在此我们统称为"承运人责任期间"。准确判断承运人责任期间的意义在于：

1. 货损发生在承运人责任期间内是承运人承担赔偿责任的必要条件。

2. 承运人责任期间对判断承运人责任，包括归责原则、免责事由、赔偿责任限额、赔偿责任范围等具有决定意义。因为承运人的赔偿责任既不是根据人来确定的，也不是根据运输工具来确定的，而是根据不同运输方式对应区段的责任期间来确定的。

现实中情况多种多样，需要根据每一个案件的具体情况进行分析。

一、一般规定

《民法典》第八百三十二条规定，"承运人对运输过程中货物的毁损、灭失承担赔偿责任"，其中"运输过程中"即为"责任期间"的概念，应理解为"从承运人在起运地点接收货物起到承运人在目的地交付货物止，承运人掌管货物的全部期间"，其不仅包含运输，还可能包含临时仓储、转运、装卸作业等。同时，前述规定为原则性的规定，基于意思自治原则，当事人可以约定承运人的责任期间，除非法律另有规定。

除《民法典》对承运人责任期间进行原则性规定外，《海商法》等特别法对不同类型的货物运输下如何划定承运人责任期间有更为具体的指引条款。

二、特别规定

（一）水路货物运输

1. 国际海上货物运输

国际海上货物运输合同适用《海商法》第四章的特别规定，其中第四十六条第一款就集装箱货和非集装箱货承运人责任期间分别进行了明确规定，表述为"承运人对集装箱装运的货物的责任期间，是指从装货港接收货物时起至卸货港交付货物时止，货物处于承运人掌管之下的全部期间。承运人对非集装箱装运的货物的责任期间，是指从货物装上船时起至卸下船时止，货物处于承运人掌管之下的全部期间。在承运人的责任期间，货物发生灭失或者损坏，除本节另有规定外，承运人应当负赔偿责任"。

结合《海商法》第四十四条的规定，我们可以看出，第四十六条实际上包括了两层基本含义：其一是该条款规定的期间是承运人的法定责任期间，是承运人应承担责任的最小期间，承运人不得通过合同条款缩小其法定责任期间进而减轻承运人责任；其二是除非本节另有约定（例如，第五十一条赋予承运人的诸多免责事由），只要在责任期间发生货损，承运人均应承担赔偿责任。

基于上述分析，海上货物运输合同当事人可以在法定责任期间的基础上，约定扩展的责任期间，双方还可以在扩展的责任期间内约定不同的归责原则、免责事由和责任限额等，只要其不违反法律的强制性规定。例如，在某财产保险公司与某航运公司海上、通海水域货物运输合同纠纷案①中，最高人民法院判决认为："运输合同当事人可以通过运输合同约定或者实际履行的方式扩大承运人掌控货物的责任期间，但是对于超出海商法第四十六条规定的法定责任期间的运输，承运人不能援引海商法第五十六条的规定主张责任限制。"

（1）集装箱货

对集装箱货而言，承运人掌管货物期间大致可分为三个阶段，分别为装货港接收货物后保管期间、海上运输期间和卸货港交付货物前保管期间。以上提及的装货港和卸货港实际上并不限于码头、港区的堆场，根据实践中的交付模式，其概念外延也可以覆盖其他非港区地点。例

---

① 参见最高人民法院（2015）民提字第225号民事判决书，载中国裁判文书网，https：//wenshu. court. gov. cn/website/wenshu/181107ANFZ0BXSK4/index. html？docId＝TEBb1cfvywwANj3co7YU3pglFgyqqe2GnC8ZYLX5QCcgizDbHw0b5vUKq3u+IEo4A7lFFfxysq/E71ga656JU8+R21ljlg6gRhdhnyPq95s+qIqeeGfKUxoy8bj7cr1A，最后访问时间：2024年2月29日。

如，一些承运人在港区外用来集结货物的仓储地点或堆场等，而集装箱货物从这些地点再被送往港口时，相应的陆运和装卸货期间也属于海上承运人的责任期间。基于此，我们可以发现《海商法》第四十六条的规定中，"承运人掌管之下"里的"承运人"是一个广义的概念，包括了船长船员、港口经营人、装卸公司等基于承运人履约需求而参与其中的各方主体，这时这些主体应当视为承运人的代履行人或者履行辅助人。

集装箱货物一般分为整箱货（Full Container Load，FCL）和拼箱货（Less than Container Load，LCL），交接地点一般在 CY（Container Yard，即集装箱堆场，针对整箱货）、CFS（Container Freight Station，即集装箱货运站，针对拼箱货）和 DOOR（货方的仓库或工厂）。根据运输形态和交付地点的不同，交接方式大致又可分为：

①整箱接-整箱交（FCL-FCL，根据交接地点的不同，还可细分为 CY-CY、CY-DOOR、DOOR-CY、DOOR-DOOR），可参考下图：

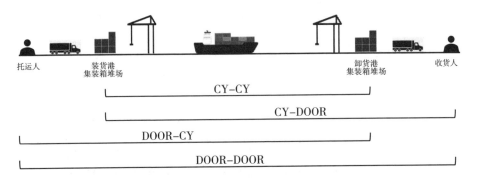

②拼箱接-拼箱交（LCL-LCL，根据交接地点可表述为 CFS-CFS），可参考下图：

③整箱接-拼箱交（FCL-LCL，根据交接地点的不同，还可细分为CY-CFS、DOOR-CFS，多为同一托运人向不同收货人发货），可参考下图：

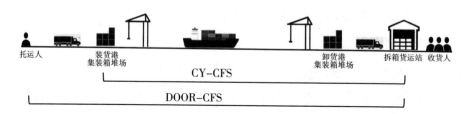

④拼箱接-整箱交（LCL-FCL，根据交接地点的不同，还可细分为CFS-CY、CFS-DOOR，多为同一收货人向不同托运人采购货物），可参考下图：

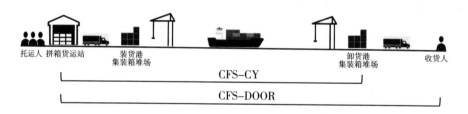

以上交接术语一般从空间位置上对应承运人责任期间。

整箱运输中一般都会存在集装箱设备交接单（Equipment Interchange Receipt，EIR），该文件用于记录集装箱在不同环节之间的交接状态，对判断货损是否发生在承运人责任期间至关重要。根据交接环节的不同还可分为空箱出场交接单（装港）、重箱进场交接单（装港）、重箱离场交接单（卸港）、空箱返场交接单（卸港）。整箱货货损索赔过程中需要对EIR尤其是重箱出场交接单特别关注。

拼箱货交接过程中一般也会签署收据类的文件，如果存在破损，会产生破损报告（Damage Report）或者拆箱报告（Devanning/ Out Turn Report）等，这些材料同样需要注意。

（2）非集装箱货

承运人对非集装箱装运货物的责任期间，是指从货物装上船时起至卸下船时止，货物处于承运人掌管之下的全部期间。对于"装上船"和"卸下船"这两个时间节点的界定需要结合案件具体情况，如合同约定、货物类型、装卸货作业模式等来进一步分析。

①件杂货

对于件杂货，一般认为采用"钩至钩"原则，根据吊机的不同可理解为：使用船吊装货时吊钩钩住货物并吊起，即视为货物装上船；卸货时货物被安全放置在岸上，且吊钩脱离货物或不再受力时，才视为货物卸下船。使用岸吊装货时当吊钩下的货物被稳定放置于船上，吊钩脱离货物或不再受力时，才视为货物装上船；卸货时，吊钩钩住货物并吊起，即视为货物卸下船。[①]

②液体散货

对液体散货而言，原理相同。根据《最高人民法院关于南京石油运输有限公司与华泰财产保险股份有限公司石家庄分公司海上货运运输保险代位求偿一案有关适用法律问题的请示的复函》的规定，"由于散装液体货物在形态上不同于其他散装货物，因此，承运人对于散装液体货物运输的责任期间，应自装货港船舶输油管线与岸罐输油管线连接的法兰盘末端时起至卸货港船舶输油管线与岸罐输油管线连接的法兰盘末端时止，货物处于承运人掌管之下的全部期间"。进而最高人民法院又指出，"关于对散装液体货物交货数量证据效力的认定。在收货人未能提供有效证据证明货物短少发生在承运人责任期间的情况下，承运人提供

[①] 司玉琢、张永坚、蒋跃川编著：《中国海商法注释》，北京大学出版社 2019 年版，第 81 页。

的船舶干舱证书（Dry Certificate）、空距报告（Ullage Report），具有证明散装液体货物交货数量的效力。收货人提供的岸罐重量检验证书，除非经承运人同意，否则不具有证明散装液体货物交货数量的效力"。

对此问题，某财产保险公司与某公司海上、通海水域货物运输合同纠纷案①中有非常深入的讨论，最高人民法院认为，"船上水尺②计重和岸罐计重均是当前进出口船载货物常用的计重方式，理论上不存在哪种方式更可靠的问题。如果两种计量方式均符合测量规范，船上水尺计重在货物卸离船舶之前，只要船舶卸货干净彻底无遗漏，则该水尺计重数量可以准确反映承运人在船边交付货物的数量；岸罐计重在货物卸离船舶之后，只要从船边至岸罐货物输送无遗漏，则该岸罐计重数量也可准确反映承运人在船边交付货物的数量。无论上述哪种计量方式，作为一种测量技术，误差总是存在的。即使采用同一计量方式，如果不同检验人在同一时间相同条件下测量，或者同一检验人在相同条件下先后作两次测量，其测量结果也可能存在一定差距。这种差距的存在完全正常，符合技术的应有特征——误差总是存在的。技术相对于科学，前者只能相对准确，而后者能够做到精确。就散装液体货物而言，保险人除非有证据证明船舶《空距报告》本身存在问题，否则应当根据《空距报告》确定承运人交货的数量。承运人对于散装液体货物运输的责任期间，应自装货港船舶输油管线与岸罐输油管线连接的法兰盘末端时起至卸货港船舶输油管线与岸罐输油管线连接的法兰盘末端时止，货物处于承运人掌管之下的全部期间。在收货人未能提供有效证据证明货物短少发生在

---

① 参见最高人民法院（2019）最高法民再 367 号民事判决书，载中国裁判文书网，ht-tps：//wenshu. court. gov. cn/website/wenshu/181107ANFZ0BXSK4/index. html？docId=mjsWGn5yKlRM7FNvVj4HsKO/mPJSchkaQGwtL7oBdflPS49sgI3bl/UKq3u+IEo4A7lFFfxysq/E71ga656JU8+R21ljlg6gRhdhnyPq95s+qIqeeGfKUzKrG2MoJybR，最后访问时间：2024 年 2 月 29 日。

② 笔者认为，使用"空距"一词更为合适。

承运人责任期间的情况下，承运人提供的船舶《空距报告》，具有证明散装液体货物交货数量的效力。收货人提供的岸罐重量检验证书，除非经承运人同意，否则不具有证明散装液体货物交货数量的效力"。根据最高人民法院委托一审法院调查的事实，该案《空距报告》上的署名人员确系出入境检验检疫局（CIQ）工作人员，虽然《空距报告》上的签字并非其本人所签，但其本人实际参与了涉案货物的检验。承运人在一审中提交的《船舶空距报告》《残油报告》《货舱检验报告》中的数据应与该单位留存的业务资料中的数据一致。"《空距报告》虽然不是商检机构最终出具的报告，并不影响其对水尺计重的证明作用，仍能证明CIQ在卸货前对船上货物重量进行了测量并得出了测量结果。除非有证据证明存在仓容表不准确或者测量不符合技术规范等情形，否则应当采信其结论。《CIQ重量证书》因其计重测量发生在承运人责任期间以外，在承运人举证证明其交货重量的情况下，其证明力不足以推翻卸货前船上计重的结果，不应作为证明承运人交付货物重量的证据。"

③固体散货

对于固体散货，如无特别约定，一般认为承运人的责任期间以船舷为界。

结合前段内容，在此需要特别提示，在大宗散货的承保阶段，如果可行，尽量提醒被保险人在目的港以水尺或者空距测量的方式来测算卸船前的货物重量，否则一旦收货人在安排重量证书时根据《进出口商品数量重量检验鉴定管理办法》第十一条①仅作岸罐或地磅计重，由于货运险下保险人责任期间要大于运输合同下的承运人责任期间，短量发生

---

① 收发货人在办理进出口商品数量、重量检验报检手续时，应当根据实际情况并结合国际通行做法向海关申请下列检验项目：（1）衡器鉴重；（2）水尺计重；（3）容器计重：有船舱计重、岸罐计重、槽罐计重三种方式；（4）流量计重；（5）其他相关的检验项目。

时追偿将较难实现。

2. 沿海和内河货物运输

根据前面章节的介绍，我国沿海和内河运输长期适用的《国内水路货物运输规则》已于 2016 年废止，现阶段沿海和内河运输则主要适用《民法典》的相关规定，同时如果"当事人在国内水路货物运单或者其他运输合同文件中明确约定其权利义务适用《国内水路货物运输规则》规定的，人民法院可以按照《国内水路货物运输规则》的有关规定确定合同当事人的权利义务"。

《国内水路货物运输规则》第四十八条对沿海、内河运输承运人责任期间进行了原则性规定，即"承运人对运输合同履行过程中货物的损坏、灭失或者迟延交付承担损害赔偿责任"，而在随后条款中则针对不同货物类型，作出具体规定如下：

第六十四条规定："散装货物按重量交接的，承运人与托运人应当约定货物交接的计量方法，没有约定的应当按船舶水尺数计量，不能按船舶水尺数计量的，运单中载明的货物重量对承运人不构成其交接货物重量的证据。"

第六十五条规定："散装液体货物装船完毕，由托运人会同承运人按照每处油舱和管道阀门进行施封，施封材料由托运人自备，并将施封的数目、印文、材料品种等在运单内载明；卸船前，由承运人与收货人凭舱封交接。托运人要求在两个以上地点装载或者卸载或者在同一卸载地点由几个收货人接收货物时，计量分劈及发生重量差数，均由托运人或者收货人负责。"

第六十八条规定："收货人提取货物时，应当验收货物，并签发收据，发现货物损坏、灭失的，交接双方应当编制货运记录。收货人在提取货物时没有就货物的数量和质量提出异议的，视为承运人已经按照运单的记载交付货物，除非收货人提出相反的证明。"

以上规则与《海商法》第四章的规定有所区别，值得注意。与《海商法》下的承运人责任期间具有强制性不同，沿海、内河货物运输项下允许当事人通过约定来确定承运人责任期间。比如《广州海事法院2015年度海事审判情况通报》①记载一则案例涉及"封舱交接"条款。法院认为该条款下，一旦是由货方负责装卸货，那么只要开舱卸货就被视为交付，即使货物在卸货期间于船上发生货损，承运人也不对此负责，如卸货期间突然降雨。

（二）航空货物运输

航空货物运输根据起落地点的不同主要适用《蒙特利尔公约》和《民用航空法》，二者对于承运人责任期间的规定基本一致，《蒙特利尔公约》第十八条第一款以及《民用航空法》第一百二十五条均强调，"航空运输期间"发生的货物毁灭、遗失或者损坏的，承运人应当承担责任。基于前述条款，"航空运输期间"可以理解为航空承运人的责任期间。

对于"航空运输期间"的定义，《蒙特利尔公约》和《民用航空法》的表述稍有不同，但均强调了"承运人掌管期间"这一核心要素。《蒙特利尔公约》第十八条第三款规定，"本条第一款所称的航空运输期间，系指货物处于承运人掌管之下的期间"；《民用航空法》第一百二十五条第五款则规定为"本条所称航空运输期间，是指在机场内、民用航空器上或者机场外降落的任何地点，托运行李、货物处于承运人掌管之

---

① 参见《广州海事法院2015年度海事审判情况通报》，载广州海事法院网，https://www.gzhsfy.gov.cn/hsmh/web/content? gid=16578，最后访问时间：2024年3月18日。

下的全部期间"。

基于上述"掌管"原则，尽管《蒙特利尔公约》和《民用航空法》明确规定航空运输期间不包括机场外的任何陆路运输、海上运输、内河运输过程，但二者又设置了推定条款，即"此种陆路运输、海上运输、内河运输是为了履行航空运输合同而装载、交付或者转运，在没有相反证据的情况下，所发生的损失视为在航空运输期间发生的损失"。因此，航空运输承运人的责任期间实际上不限于机场至机场这种空间范围，"掌管"这一前提条件需格外注意，例如：

1. 托运人在机场将货物交付给承运人之前，在机场内停留的时间，以及收货人提取货物之后在机场内停留的时间，尽管货物处于机场内，但是货物并没有处于承运人的掌管之下，所以并不处于承运人承担责任的航空运输期间。

2. 承运人使用车辆于非机场区域接受货物并运到出发地机场装上民用航空器运输，或者用车辆将到达目的地机场的货物运到非机场区域交付给收货人，在这些情况下，要结合空运单和空运合同中的交付条款来综合分析。如果空运单有类似"门"到"门"交付条款的存在，则即使货损发生在陆运段，仍可能视此期间为航空运输期间。如果超过空运单下的接收和交付区间，那么这些时间段内的运输或装卸等就有可能被视为非航空运输期间。比如，前面章节提到的某财产保险公司诉某快递公司保险人代位求偿权纠纷案①中，法院认为墨西哥托卢卡机场至墨西哥城内目的地的卡车运输途中仍属于航空运输期间，因而适用《蒙特利尔

---

① 参见广东省深圳市福田区人民法院（2018）粤0304民初33153号民事判决书，载中国裁判文书网，https://wenshu.court.gov.cn/website/wenshu/181107ANFZ0BXSK4/index.html?docId=xtjW9zhB4bwpWxI0C4Vq1RpmDdYAiqtOMjMdWzEWwkBAiVgzzaK3Y/UKq3u+IEo4A7lFFfxysq/E71ga656JU8+R21ljlg6gRhdhnyPq95sBuufEAnol0DbRcVLLnF08，最后访问时间：2024年2月29日。

公约》规定的赔偿责任限额。

与《民用航空法》不同的是,《蒙特利尔公约》对航空运输期间作进一步扩大解释,其规定"承运人没有经过托运人同意,以其他运输方式代替当事人各方在合同中约定的采用航空运输方式的全部或者部分运输的,此项以其他运输方式履行的运输视为在航空运输期间"。

（三）铁路货物运输

我国《铁路法》第十七条规定,"铁路运输企业应当对承运的货物、包裹、行李自接受承运时起到交付时止发生的灭失、短少、变质、污染或者损坏,承担赔偿责任"。可见《铁路法》对于铁路货物运输承运人责任期间的规定也基本要求从接收货物时起到交付货物时止"承运人掌管期间"这一核心要素。在《最高人民法院公报》1999 年第 3 期公布的"茂名市粮食局粮油物资公司与茂名市供销合作联社铁路专线经营部运输合同纠纷再审案"中,最高人民法院认为货物运抵到站至交付给收货人之前的暂存保管期间是运输合同承运人义务的组成部分,并非另外形成仓储保管法律关系。可见最高人民法院也认同"承运人掌管期间"这一核心要素。

在国际铁路货物运输领域,我国加入了《国际铁路货物联运协定》,该公约第三十七条第二项规定:"承运人自承运货物时起,至交付货物时为止,对货物灭失、短少、毁损（腐坏）所造成的损失负责。对于承运人负有责任的货物灭失、短少、毁损（腐坏）情况,应以商务记录作为证明。"该公约对于铁路货物运输承运人责任期间的规定与《铁路法》基本相同。

（四）公路货物运输

由于我国公路货物运输适用《民法典》的规定，因此，相关内容可参考本章第一部分。

三、货损发生在承运人责任期间的举证责任

在以上各种运输方式下，无论是水路货物运输、航空货物运输、铁路货物运输还是公路货物运输，目前司法实践中都要求索赔人举证证明货物的灭失、损坏等发生在承运人责任期间内，这是索赔人一项重要的举证义务。该举证义务有两个层次：第一个层次是要求索赔人证明在承运人责任期间内有损失发生，或者至少导致损失的原因发生在承运人责任期间内；第二个层次是要求索赔人证明此类损失的具体程度和范围。只有两个层次的举证要求都得到满足，索赔人的索赔才能够获得支持。

为了明确货损发生在承运人责任期间内，最有效的方法是收货人在接收货物时，对货物进行检查，如发现存在损失情况，立即向承运人发出书面通知，共同签署书面记录，或者在交接单证上进行批注，或者采取其他方式保留相应证据。比如，在海上货物运输卸货时作出理货报告，集装箱货物出场时在设备交接单上进行批注，沿海、内河运输货物交付时制作货运记录，航空运输货物交付时要求机场出具破损报告，铁路运输货物交付时制作货运记录或者商务记录，或者货物交付时进行拍照、摄影等。

如果货物交付时货物损失情况非显而易见的，那么法律要求收货人在约定的、法定的或者合理时间内向承运人提出异议。《民法典》第八百三十一条规定："收货人提货时应当按照约定的期限检验货物。对检

验货物的期限没有约定或者约定不明确，依据本法第五百一十条的规定仍不能确定的，应当在合理期限内检验货物。收货人在约定的期限或者合理期限内对货物的数量、毁损等未提出异议的，视为承运人已经按照运输单证的记载交付的初步证据。"《海商法》第八十一条第一款、第二款规定："承运人向收货人交付货物时，收货人未将货物灭失或者损坏的情况书面通知承运人的，此项交付视为承运人已经按照运输单证的记载交付以及货物状况良好的初步证据。货物灭失或者损坏的情况非显而易见的，在货物交付的次日起连续七日内，集装箱货物交付的次日起连续十五日内，收货人未提交书面通知的，适用前款规定。"此外，《国际铁路货物联运协定》规定，"收货人应在查明货物灭失、短少、毁损（腐坏）后且不迟于货物交付后的三昼夜立即向交付货物的承运人提出该要求"，前提是"货物到达国的国内法律允许在货物交付收货人后编制商务记录"。

　　向承运人提出异议并不改变原有的举证责任分配。在某保险公司与某航运公司海上、通海水域货物运输合同纠纷案①中，天津海事法院针对这一问题作出了详细的解释，认为《海商法》第八十一条所规定的通知期限，目的在于督促收货人及时就货损向承运人提出异议和索赔，从而减轻收货人的举证责任，进而降低收货人的索赔难度。在收货时收货人就显而易见的货损提出异议，即可初步证明货损发生在承运人责任期间，此时承运人为了免责就必须证明自己无管货过失。对非显而易见的货损收货人在通知期限内提出异议的，收货人须举证证明货损发生在承

---

① 参见天津海事法院（2017）津72民初112号民事判决书，载中国裁判文书网，ht-tps：//wenshu. court. gov. cn/website/wenshu/181107ANFZ0BXSK4/index. html？docId＝0Trwnmdfj4vc cOdo3NwQSWlIOOHzxZo/mGD1ZNNwgDqHMaakcehE8PUKq3u+IEo4A7lFFfxysq/E71ga656JU8+R2lljlg6gR hdhnyPq95s+qIqeeGfKU+iaSc2QWTBY，最后访问时间：2024年2月29日。

运人的责任区间，此时承运人为了免责就必须证明货损不是发生在自己的责任期间或自己无管货过失。如超出通知期限提出异议，由于货物交付后经历的时间较长且可能货物又经历了多种运输方式，此时收货人主张索赔客观上会加大其举证难度，收货人需要清晰地举证证明货损发生在承运人的责任期间，否则承运人就不需承担赔偿责任。最高人民法院在《全国法院涉外商事海事审判工作座谈会会议纪要》第五十五条进一步明确"请求人在货物交付时没有根据海商法第八十一条的规定提出异议，之后又向承运人主张货损赔偿，如果可能发生货损的原因和区间存在多个，请求人仅举证证明货损可能发生在承运人责任期间，而不能排除货损发生于非承运人责任期间的，人民法院不予支持"。

可见，证明货物损失发生在承运人责任期间内的举证责任由货方索赔人承担。如果货物交付当时或者其后合理时间内收货人未收集证据证明损失发生在承运人责任期间内（向承运人发出书面异议也是保留证据的一种方式），则货方向承运人索赔将失去先机。

第八章

承运人的责任基础

本章导读

　　本章主要讲述承运人的责任基础。责任基础是指承运人对货物灭失或损坏所应承担的责任原则，也称责任基础为归责原则①，承运人责任基础的规定在货物运输法律中始终处于核心地位。也有学者认为，所谓承运人责任基础，是承运人对货物灭失或损坏所应当承担相应民事责任的基础，是将举证责任分配原则、归责原则和免责事项等混合形成的追究致害行为人责任的一套基础体系②，其概念范围要比民法学下的归责原则更广。

　　为更清晰地阐述承运人责任基础的每一个要素，笔者根据不同的运输方式，将其拆分为归责原则、举证责任分配和免责事由三部分进行讨论。

---

　　① 司玉琢：《UNCITRAL 运输法（草案）难点问题研究》，载《大连海事大学学报（社会科学版）》2003 年第 1 期。
　　② 程一航、陈本寒：《国际海运承运人责任基础与归责原则之比较法研究》，载《江汉论坛》2013 年第 3 期。

一、一般规定

《民法典》第八百三十二条规定："承运人对运输过程中货物的毁损、灭失承担赔偿责任。但是，承运人证明货物的毁损、灭失是因不可抗力、货物本身的自然性质或者合理损耗以及托运人、收货人的过错造成的，不承担赔偿责任。"这是我国《民法典》对于运输合同归责原则的一般性规定，根据该规定，运输合同违约责任的归责原则为严格责任①，即违约方的主观过错并非相应请求权的构成要件，非违约方无须就违约方是否有过错承担举证责任，而违约方需要就存在的法定免责事由承担举证责任。

从上述条款还可以看出，《民法典》赋予承运人三项免责事由：不可抗力、货物本身的自然性质和合理损耗以及托运人和收货人的过错。根据《民法典》第一百八十条第二款的规定，"不可抗力是不能预见、不能避免且不能克服的客观情况"，它是民法领域一项普遍的免责事由，不仅是对违约责任，对于侵权责任等也均可以适用，除非法律另有特殊规定。货物本身的自然性质或者合理损耗以及托运人和收货人的过错造成的货物毁损、灭失均是承运人不存在过错的情况，法律规定承运人可以免除赔偿责任理所应当，但是《民法典》将这项举证责任施加在承运人身上，体现了对货方的一种保护。

值得注意的是，《民法典》对于承运人责任基础的规定并非强制性规定，也就是说，当事人可以通过约定的方式对承运人责任基础作出改

---

① 亦称为"无过错责任"，但是有观点认为严格责任和无过错责任存在差别，本书对此不作讨论。

变，这体现了当事人的意思自治。

以上是《民法典》对承运人责任基础的原则性规定，此外，我国特别法和参加的国际条约亦有对不同运输区段承运人责任基础的特别规定，以下我们分别进行介绍。

二、特别规定

（一）水路货物运输

1. 国际海上货物运输

（1）归责原则

我国《海商法》有关承运人责任基础的设计参考了《海牙—维斯比规则》，采用"不完全过失责任制"或者说"不完全过错责任制"。不完全过失责任制指"承运人对所承担货物责任实行'过失责任制'，但'航海过失和火灾'例外，即使承运人的代理人或受雇人有过失也不负责任"[①]。

《海商法》第四十六条规定，"在承运人的责任期间，货物发生灭失或者损坏，除本节另有规定外，承运人应当负赔偿责任"，仅从此处表述来看，似乎该条规定的归责原则是与《民法典》第八百三十二条一致的，偏向保护货方。而《海商法》第五十条第二款、第三款则规定，"除依照本章规定承运人不负赔偿责任的情形外，由于承运人的过失，致使货物因迟延交付而灭失或者损坏的，承运人应当负赔偿责任。除依

---

① 司玉琢：《提单责任基础的重大变革——对〈汉堡规则〉实行完全过失责任制的分析》，载《中国国际法年刊》（1984 年），中国对外翻译出版公司 1984 年版，第 146 页。

照本章规定承运人不负赔偿责任的情形外，由于承运人的过失，致使货物因迟延交付而遭受经济损失的，即使货物没有灭失或者损坏，承运人仍然应当负赔偿责任"，该条款下承运人对迟延交付的赔偿责任变成了典型的过错责任。之所以《海商法》下承运人的归责原则被定义为特殊的"不完全过错责任制"，是因为《海商法》第五十一条第一款第十二项规定的"非由于承运人或者承运人的受雇人、代理人的过失造成的其他原因"属于承运人免责事项，即强调过错责任，同时又规定对于"船长、船员、引航员或者承运人的其他受雇人在驾驶船舶或者管理船舶中的过失"以及承运人的受雇人或代理人之过失造成"火灾"这两种情形所引发的货物灭失、损坏，可以免除承运人对货物的赔偿责任，即让"过错责任"变得"不完全"了。

（2）举证责任

需要说明的是，不完全过错责任制不能简单地视作在过错责任制的基础上进一步保护承运人，对于货损的索赔，《海商法》设计的不完全过错责任制通过对举证责任的分配，作出了与适用过错原则的一般侵权法律关系下由索赔方举证侵权人具有过错截然不同的制度安排。

如上提及的《海商法》第四十六条，货方索赔货损时，除特殊情况外，只需初步证明货损发生在承运人责任期间，如果承运人拟主张其对货损不具有过错，应由其证明存在《海商法》第五十一条规定的免责情形（"火灾"除外），即使有时无法查明准确的货损原因，承运人也要证明货损属于"非由于承运人或者承运人的受雇人、代理人的过失的其他原因造成的"，即充分排除承运人或者承运人的受雇人、代理人的过失，进一步讨论将结合具体的免责事项进行。

（3）免责事由

《海商法》下的法定免责事由集中在第五十一条到第五十四条，我们对实践中较多涉及的条款逐一分析如下：

①第五十一条第一款第一项

该条款规定"船长、船员、引航员或者承运人的其他受雇人在驾驶船舶或者管理船舶中的过失"属于承运人免责事由，对此可简称为"航行过失免责"。

"驾驶船舶"中的过失，是指船长、船员和引航员等，在船舶航行或者停泊操纵上的过失，多表现为违反相关的避碰规则、航行规则或没有良好的船艺等。例如，没有在船舶航行中保持正当瞭望，没有以安全速度航行，没有对碰撞危险加以正确判断，没有适当采取正确的避让措施等，进而因发生搁浅、碰撞等海事事故导致货损。

"管理船舶"中的过失，是指船长、船员等在维持船舶的性能和有效状态方面存在的错误行为。例如，轮机人员操纵机器不当，致使机器损坏，船舶失去控制；风浪条件下压载措施不恰当导致船舶稳定性不能得到保证；船员未按照体系文件要求对相关设备进行维护保养，进而导致设备故障，船舶失去动力等。

需要注意的是，承运人引用上述免责事由时，应首先证明其雇用的船长、船员等具有适任资格，即承运人在妥善配备船员方面不具有过失。此外，此处的过失人员仅限于"船长、船员、引航员或者承运人的其他受雇人"，承运人本人的过失不属于免责事项，条款中的"管理船舶"既非船舶的经营管理，又非船舶的行政管理。

该条款适用过程中的难点在于如何区分管理船舶过失（通常简称管船过失）和管理货物过失（通常简称管货过失），因为管货过失是承运人的基本义务，不属于免责事由。目前主流观点认为，"通常以行为的对象和目的作为区分标准。如果某一行为针对货物，其目的是管理货物，则该行为属于管理货物的行为；反之，则属于管理船舶的行为。例如，某船在航行中遇到大风浪，需往压载舱内打压载水，以提高船舶的稳定性，但船员误将海水打入货舱，使货物遭受湿损，船员的这一过失属于管理船舶的过失，可以免除承运人的责任；又如，某船载运水泥，航运途中，船员为进入货舱察看舱内货物，打开舱盖，但出舱时忘记将其关上，后因突降大雨，雨水进入货舱使货物受损，这一过失则属管货过失，承运人不能免责"①。

在涉及"天灾"致损的案件中，船舶的航行决策是否合理往往会存在争议，目前有观点认为即使船舶航行决策失误，也应当归咎于航行过失，承运人同样可以免责，或者直接认定承运人根据气导公司建议选择航线即已经尽到谨慎义务。例如，在某财产保险公司与某海运公司、某航运有限公司海上货物运输合同纠纷案②中，法院认为，"在案证据显示，船长根据 WRGS 的建议调整航线；2019 年 12 月 28 日，船员上午检查了所有甲板货物的绑扎，并完成了'恶劣天气航行风险控制检查清单'；2019 年 12 月 28 日至 29 日晚上船长留在驾驶台，不断调整船舶航向以降低航速度过恶劣天气。船方已经采取合理谨慎的措施应对航行过程中的恶劣海况，其在航行及管货方面均无过错"。

笔者认为，航线的制定应与管货措施的具体实施相互影响，气导公司的建议实际上是基于燃油经济的角度出发还是单纯基于船货安全的考虑需要进行深入分析。事实上，很多情况下气导公司的建议和船公司的决策是综合考虑经济原因和安全后的一个折中方案，而非将风险降到最低。在极端天气下，冒险进入危险区域将大幅度增加不可控的涌浪导致

---

① 司玉琢：《海商法专论》（第三版），中国人民大学出版社 2015 年版，第 77~78 页。
② 参见上海市高级人民法院（2022）沪民终 335 号民事判决书，载中国裁判文书网，https：//wenshu. court. gov. cn/website/wenshu/181107ANFZ0BXSK4/index. html? docId = VYffBF5m+pg6UzfGWAHG7V2T49ZEVyw4ABKgOOIbiktVJCcJSRJkaPUKq3u+IEo4A7lFFfxysq/E71ga656JU8+R21ljlg6gRhdhnyPq95s+qIqeeGfKUySyysPfzjEs，最后访问时间：2024 年 2 月 29 日。

船舶横摇共振的风险，而一旦共振发生，在这种异常受力下，被置于高处的集装箱会首当其冲。在对此类风险有预期的情况下，无论这种预期风险多大，承运人在进入危险区域前或者开航前都应当对货物进行超出一般绑扎标准的处置，即严格遵循《系固手册》的标准，从严认定承运人的管货义务标准，并应由承运人对绑扎系固的完成情况进行举证。近年来，多次发生大型集装箱船货物落海事件，更深一步讨论承运人的管货措施是否足够谨慎可能更有利于平衡此类案件中的船货利益。

②第五十一条第一款第二项

该条款规定，对于"火灾"造成的货损，承运人可以免责，但"由于承运人本人的过失所造成的除外"。该免责事由的特殊性在于承运人只需证明货损系火灾造成即可免责，至于是何种原因导致火灾发生无须由承运人举证，而是应由索赔人证明火灾属于承运人本人的过失，这对索赔人来讲举证难度极大。

规避火灾免责需要证明是承运人本人的过失导致火灾发生，对于"船长、船员、承运人的其他受雇人或者代理人过失"导致的火灾，承运人同样可以免责。此处"承运人本人"应包括对船舶有管理、控制、指挥权的部门或管理人员。承运人本人过失导致火灾的情形一般包括：承运人对船舶老化电路未按照要求进行更换、明知船员经常违规动火而未加阻止、疏于对船员船上作业进行培训警示等。

需要注意的是，该条款下"火灾"的概念存在讨论空间，在没有明火的情况下，并非所有高温和烟熏都属于"火灾"范畴，需要由承运人证明相应的化学反应符合燃烧的定义。火灾造成的损失并非狭义概念，除被直接烧坏外，还包括救火过程中造成的损失，如货物的湿损。冷藏箱运输船舶起火事件中，部分货损是断电后货物因升温导致的变质损失，也可能被视为火灾造成的损失。

此外，在中国人民财产保险股份有限公司浙江省分公司诉上海瀚航集运有限公司海上货物运输合同货物灭失代位求偿纠纷案①中，涉案货物运抵印度加尔各答港后堆存在该港口码头的仓库中，因发生火灾导致该批货物全部灭失。关于承运人是否可以就岸上发生的火灾主张免责问题，一审和二审法院均认为只要火灾事故发生在承运人的责任期间，依照《海商法》的规定，均应免除承运人对于因火灾事故发生的货物损失的赔偿责任。

③第五十一条第一款第三项

该条款规定，"天灾，海上或者其他可航水域的危险或者意外事故"属于承运人免责事由。该免责事由包含天灾和海上或者其他可航水域的危险或者意外事故（即海上风险），在《海牙规则》中是作为相互独立的两项分别规定的。笔者认为，此处的"天灾"和"海上风险"的概念并不完全重合，"天灾"不一定发生在海上，所有可能导致货损的异常自然现象都有可能构成"天灾"，如冰冻、雷击、地震等，而"海上风险"除了一般理解中的恶劣气象外，还应包括暗礁等，也有观点认为海盗行为亦属其中。

"天灾"和"海上风险"是否强调"不可预见"存在观点上的争议。例如，在某财产保险公司与某国际货物运输代理有限公司等海上货物运输合同纠纷案②中，法院实际上将"天灾"与"不可抗力"概念相区分，认为"天灾"不强调"不可预见"。法院论述称，"本案中'尤某'轮在上海港装货完毕后，船长决定在锚地避台同时加固绑扎，这一

---

① 《最高人民法院公报》2007 年第 10 期。

② 参见上海市高级人民法院（2014）沪高民四（海）终字第 119 号民事判决书，载中国裁判文书网，https://wenshu.court.gov.cn/website/wenshu/181107ANFZ0BXSK4/index.html? docId=SqbuVpE0uUTvh8aHu9CB2QOxtqiizNHl1QSwHxm/JvzCygz59NQBqvUKq3u+IEo4A7lFFfxysq/E71ga656JU8+R21ljlg6gRhdhnyPq95s+qIqeeGfKUwUBN4WHSvjv，最后访问时间：2024 年 2 月 29 日。

做法值得肯定。但在两天后，在台风已经有明显的转向趋势时，船长却决定向东北济州岛方向离港避台，这一决定不够谨慎，甚至有点冒险，导致船舶恰好进入台风的右半圆即危险半圆。此时选择继续在港内抛锚避台才是最佳方案，涉案货损也许可以减轻甚至避免。然而，船长在事关船舶安全的问题上具有'独立决定权'，不论船长作此决定是服从谁的指示、满足谁的要求、采纳谁的意见或者是经开会一致决定，一旦由船长决定，都将被视为船长本人的独立决定。虽然船长在避台决策上有过失，但依据《海商法》第五十一条第一款第一项的规定，属于船长在驾驶或者管理船舶中的过失，依法亦可免责"。然而，参见《海商法专论》之意见，"天灾"（Act of God）属不可抗力范畴。司玉琢教授还提出，国际上对"海上风险"的解释主要有两种观点：一种是强调海上风险的不可预测性；另一种是不考虑是否"可预见"，而是强调具体事实：A. 船舶结构、设备、保养良好；B. 船舶大小；C. 海上风险是否偶然；D. 针对此海上风险承运人是否已谨慎且恰当行事，但仍无法避免事故；E. 船舶本身是否受到损坏；F. 地理环境；G. 坏天气、大风浪持续多久。[①] 无论哪一种解释，都要考虑船方在应对海上风险时的判断和操作是否恰当，其对于潜在风险的应对方案是否足够谨慎。

④第五十一条第一款第五项

该条款规定，"政府或者主管部门的行为、检疫限制或者司法扣押"导致的货损属于承运人的免责事由。

政府或者主管部门的行为，主要包括一国政府或者其主管部门强令采取的禁止装货或者卸货、禁运、封港，禁止船舶驶入或驶离港口，或者将船舶或货物没收、充公、征用等行为。司法扣押，是指因船旗国与

---

① 司玉琢：《海商法专论》（第三版），中国人民大学出版社 2015 年版，第 78~79 页。

该船当时所在地国之间的关系恶化等原因，由该船当时所在地国政府下令或由该国的主管当局依据法律对该船实施的扣押。检疫限制，是指港口国的检疫部门根据本国的检疫法规，当发现挂靠本国港口的船舶有疫情，或者船舶来自或曾挂靠过有疫情的港口时，禁止船舶进港作业，或者对船舶和货物强制进行熏蒸等消毒处理。

需要强调的是，该条款所对应的免责情形，其判断核心仍是承运人是否有过错，只有不是承运人原因导致的，且承运人对此无法预防和避免时，该条款才能适用。例如，"司法扣押"不能是因为与承运人有关的刑事或者民事所致，即因承运人拖欠债务、没有履约或者因其所应承担的各种赔偿责任等商务性质的纠纷导致的船货被扣押不属于免责事由，此外，承运人或其船员、雇佣人员实施了违法犯罪行为，被船舶所在地国政府或有关当局依法进行的扣押所致的货损同样不能被免责。

以该条款为原则，《最高人民法院关于审理无正本提单交付货物案件适用法律若干问题的规定》第七条规定，"承运人依照提单载明的卸货港所在地法律规定，必须将承运到港的货物交付给当地海关或者港口当局的，不承担无正本提单交付货物的民事责任"。但需要注意的是，援引该条款成功的难度很大，法院在审理此类案件中对于承运人应尽义务履行程度、目的港法规政策的举证等问题均持严格态度。

例如，《海事诉讼典型热点案件与审判方法》一书援引大连海事法院的生效判决对此进行论述。[1] 法院认为依据被告提供的巴西第 116/67 号法令第 2 条和第 3 条的规定，被告作为承运人的责任在将货物在船边交付给港口当局或目的港的市政码头时结束。被告对其已完成海上货物运输合同下的交货义务承担举证责任。被告仅向法院提供涉案提单、巴

---

[1]　孙光：《海事诉讼典型热点案件与审判方法》，法律出版社 2014 年版，第 14 页。

西相关法律条文以及一位巴西律师对这些法律条文的解释，不能证明被告已将货物交付目的港的港口当局或目的港的市政码头，不能证明其已完成海上货物运输合同项下的适当交付货物义务，承运人应当对其未完成交货义务承担责任。虽然货物被最终买家提取，但被告没有举证证明买家是从港口当局提货。原告持有全套正本提单，有权要求被告承担无单放货的违约责任，向原告赔偿货款损失。

无独有偶，在上海某家具有限公司与深圳某国际货运代理有限公司等海上货物运输合同纠纷案①中，一审上海海事法院认为：首先，涉案货物系整箱交接，在该情形下，装载涉案货物的集装箱已经流转的事实可以作为证明被告无单放货的初步证据。其次，根据我国相关部门的解读说明，在巴西港口放货并不是不需要正本提单，而是进口方或货代需凭正本海运提单（MB/L）至实际承运人处换取提货单再办理清关手续，目的是提高货物清关效率，简化进口程序，不影响正常国际贸易的物权交割。再次，巴西财政部第 1356 号法令针对的只是海运提单，被告作为货代提单下的承运人，从实际承运人处取得或应当从实际承运人处取得货物后，不存在必须再交付港口当局或海关之说。此外，被告上海分公司并未向原告提供其所了解的"巴西海关新规"具体内容，并向原告就其含义进行说明，也未同原告对如何有效避免此种情况或一旦发生这种情况时的责任承担等问题达成一致。最后，根据巴西财政部第 1356 号法令的规定及其解读，不能得出在巴西目的港可以不凭正本提单放货的结论，因此，凭正本提单放货仍为被告作为承运人的主要义务与责任，其

---

① 参见上海市高级人民法院（2016）沪民终 2 号民事判决书，载中国裁判文书网，https：//wenshu. court. gov. cn/website/wenshu/181107ANFZ0BXSK4/index. html? docId=Xo/iK6Op8tox7moBPOz9+1fvTkHY+vGjuzNYAjzN7iem9gfWbVsjRPUKq3u+IEo4A7lFFfxysq/E71ga656JU8+R21ljlg6gRhdhnyPq95s+qIqeeGfKU3+J5SKotaK8，最后访问时间：2024 年 2 月 29 日。

在提单中记载免除自身该项主要合同义务和责任的格式条款，应属无效。综合以上因素，上海海事法院判决被告赔偿原告货款损失及利息，二审法院维持了上海海事法院的观点。

⑤第五十一条第一款第八项至第十项

这三个条款可以归类为货方及货物自身原因导致的货损，即"托运人、货物所有人或者他们的代理人的行为"（第八项）、"货物的自然特性或者固有缺陷"（第九项）和"货物包装不良或者标志欠缺、不清"（第十项）所致的损失属于承运人免责事由。

对于"托运人、货物所有人或者他们的代理人的行为"之理解，首先，要明确该条款适用的主体范围，其中的货物所有人可能是托运人，也可能是收货人甚至是其他未在提单上显示的主体。其次，该条款中的"行为"不强调主观是否存在过错，只要是上述主体的作为或不作为导致损失发生，承运人即可免责。最后，该条款下常见的情形包括货方申报货物品名和性质时的不实表述，导致货物的积载无法实现对此类货物的安全保障，甚至由于瞒报货物性质导致严重的火灾、爆炸等事故发生。

关于"货物的自然特性或者固有缺陷"，最高人民法院《全国法院涉外商事海事审判工作座谈会会议纪要》第五十四条将其定义为"货物具有的本质的、固有的特性或者缺陷，表现为同类货物在同等正常运输条件下，即使承运人已经尽到海商法第四十八条规定的管货义务，采取了合理的谨慎措施仍无法防止损坏的发生"。实践中，如何判定货损是因为货物自然特性还是承运人过失所致非常困难，由于承运人应就免责事由承担举证责任，因此，首先应由承运人证明其已经在管货和保证船舶适航方面尽到了充分的谨慎义务，否则在无法满足上述第五十四条之证明标准的情况下，不宜认定承运人可享受免责。

货物包装不良是指货物包装的方式、强度或者状态不能承受特定货物的装卸和运输过程中的正常风险。货物标志欠缺、不清，使承运人对货物无法加以辨认时，易造成货物混票或者承运人错交货。或者因货物未加适当标志，如"禁止货物上下倒置"、"易碎品"、"防湿"或者"禁止使用手钩"等注意标志，货物在装卸等管理过程中易造成损坏。①

对于包装不良，有观点认为，只要事实上认定货损是由于包装不良导致，包括框架箱的内部绑扎存在缺陷，承运人就可以免除责任。但亦有观点对此进行了更深入的辨析，即如果包装不良等问题是可以从外观上观察可见，且承运人对此亦负有监督义务，在承运人签发了清洁提单的情况下，承运人不能完全免除责任。

⑥第五十一条第一款第十一项

该条规定，"经谨慎处理仍未发现的船舶潜在缺陷"所致损失属于承运人免责事由。该条第一款第十一项实际上是对《海商法》第四十七条"承运人适航义务"的一个补充规定，在一定程度上对承运人适航义务进行了豁免。国内此前鲜有援引该条款的生效判决，然而在 MOL Comfort 轮沉没导致的系列货损案件②中，浙江省高级人民法院、福建省

---

① 司玉琢：《海商法专论》（第三版），中国人民大学出版社 2015 年版，第 80 页。

② 参见广东省高级人民院（2017）粤民终 1253 号民事判决书，载中国裁判文书网，https：// wenshu. court. gov. cn/website/wenshu/181107ANFZ0BXSK4/index. html？docId＝hVmS6czW3wZ1Nr Zy7wr6RxFhOx147Qmq1＋4bhAQOjKPn＋1RCJTML＋fUKq3u＋IEo4Jr3CPez96liVUtoVNbAhra9wM5vnc radmCKTcRnGYxb8xX1f88dIK4J8IZqJCC8z，最后访问时间：2024 年 4 月 10 日；浙江省高级人民法院（2016）浙民终 480 号民事判决书，载中国裁判文书网，https：//wenshu. court. gov. cn/website/ wenshu/181107ANFZ0BXSK4/index. html？docId＝TEBb1cfvywwkOA18w/H5zGMoEUrGuQLK5M0b Zu8GMi7hTXpqi＋O8w/UKq3u＋IEo4Jr3CPez96liVUtoVNbAhra9wM5vncradmCKTcRnGYxb8xX1f88dI K03ylIpUYYTB，最后访问时间：2024 年 4 月 10 日；福建省高级人民法院（2015）闽民终字第 1138 号民事判决书，载中国裁判文书网，https：//wenshu. court. gov. cn/website/wenshu/181107ANFZ 0BXSK4/index. html？docId＝edG9PvBd9FB6tvOc0UP/jNfJhQRxXYo/6bCPrkellJ9＋1hZ0gfIKBvUKq3u＋ IEo4Jr3CPez96liVUtoVNbAhra9wM5vncradmCKTcRnGYxb8xX1f88dIK0cIDMADtXmU，最后访问时间：2024 年 4 月 10 日。

高级人民法院和广东省高级人民法院都认定事故原因属于"经谨慎处理仍未发现的船舶潜在缺陷"，承运人可以免除赔偿责任。比如，在某纺织公司与某株式会社海上货物运输合同纠纷案①中，浙江省高级人民法院就潜在缺陷与事故的因果关系、承运人谨慎处理的举证标准进行了论证。该案中，某纺织公司托运的货物因案涉船舶沉没导致货损，某株式会社作为承运人援引我国《海商法》第五十一条第一款第十一项关于"经谨慎处理仍未发现的船舶潜在缺陷"的规定主张免责。法院认为，某株式会社应就涉案船舶沉没系潜在缺陷所致以及针对该潜在缺陷，某株式会社已尽到谨慎注意义务承担举证责任。针对沉船原因，某株式会社一审期间提交了调查报告并申请专家证人出庭陈述意见。该调查报告认为包括涉案船舶在内的同批次、同设计体系的船舶设计上缺陷的后果（船底外板屈曲变形）与事故的客观情况（船舶外板断裂引发船体断裂）发生了高度吻合，专家证人在一审出庭作证时也阐述了类似的观点。由于涉案船舶沉没无法打捞，船上数据已随船舶一起沉没，调查报告与专家证人证言虽系推测，但符合民事证据的高度盖然性证明标准，应当予以采信。一审判决认定涉案船舶沉没原因系设计上的潜在缺陷所致正确。关于某株式会社作为承运人对于该潜在缺陷是否尽到谨慎注意义务，某株式会社一审期间提交的证据显示，该会社按时委托船级社进行日常检验，船级社在平时检验中从未发现涉案船舶存在设计缺陷，亦定期对船舶进行日常保养、维护、检查，且根据事故航次的装载图和开航声明，该会社未存在超载情形，亦对船舶进行了谨慎处理，船舶处于适

---

① 参见浙江省高级人民法院（2016）浙民终480号民事判决书，载中国裁判文书网，https: //wenshu. court. gov. cn/website/wenshu/181107ANFZ0BXSK4/index. html？docId＝TEBb1cfvywwkOA18w/H5zGMoEUrGuQLK5M0bZu8GMi7hTXpqi＋O8w/UKq3u＋IEo4Jr3CPez96liVUtoVNbAhra9wM5vncradmCKTcRnGYxYUxHFPeF6vyY945BUPfvuA，最后访问时间：2024年3月13日。

航状态。据此，一审判决认定某株式会社已对涉案船舶进行了谨慎处理并无不当。

对于该条款，尽管其制定时参考了《海牙规则》的相关规定，但最终措辞与《海牙规则》并不完全一致。在《海牙规则》下，承运人欲援引此项免责，无须证明他事实上已谨慎处理，只要能证明某一缺陷即使谨慎处理也不被发现即可。但在《海商法》下，从条款字面意思来看，仍强调承运人应实际履行相关谨慎处理义务。

⑦第五十一条第一款第十二项

该条款是一条兜底性的规定，与英美法中的"同类"规定概念类似，通常解释为类似情况也应适用的同类引申原则。尽管该条款可覆盖的范围很广，但其仍受到第五十一条第二款关于举证责任的约束，即承运人首先要充分证明承运人或其受雇人、代理人不存在过错，这就与一般侵权法律关系下由索赔人来举证事故原因属于侵权方过错有本质区别。对此，可以将某轮船公司与某国际物流公司、某国际集装箱储运有限公司海上货物运输合同纠纷案①作为参考，法院认为，某轮船公司主张系涉案4个集装箱的货重数据被申报错误，船方因此错误积载，导致4个集装箱所在列的集装箱堆堆重超重，引发了涉案集装箱落海事故。但直至本案二审，某轮船公司尚未提交有效证据证明其自身已经尽了妥善的管货和管船义务，涉案集装箱落海事故系与涉案4个集装箱的货重数据申报有关。据此，某国际物流公司关于原审法院对涉案集装箱落海原因的认定有误的上诉理由可以成立。可见，司法实践中，对于事故原因不能准确查明时，承运人主张过错在他人的同时须证明自己没有过错。

---

① 本案系作者在工作实践中收集整理而来，仅供读者研究参考。

⑧第五十二条

除《海商法》第五十一条第一款罗列的诸多免责事项外，运输活动物承运人也享有相应的免责权利。《海商法》第五十二条规定，"因运输活动物的固有的特殊风险造成活动物灭失或者损害的，承运人不负赔偿责任。但是，承运人应当证明业已履行托运人关于运输活动物的特别要求，并证明根据实际情况，灭失或者损害是由于此种固有的特殊风险造成的"。

承运人有效援引该条款的举证标准应同时满足两个条件：一是"证明业已履行托运人关于运输活动物的特别要求"，二是"根据实际情况，灭失或者损害是由于此种固有的特殊风险造成的"。一般认为，条款中"根据实际情况"意味着承运人不必充分证明活动物的灭失或者损害是由于活动物运输的固有的特殊风险所致，而只需证明根据当时的实际情况，活动物的灭失或损害很可能是由于此种运输的固有的特殊风险所致。① 需要格外注意的是，该条款并不改变承运人的归责原则，承运人应证明损害是"特殊风险"所致，其管货和适航义务等并不免除。

⑨第五十三条

《海商法》第五十三条对承运人的舱面货免责进行了明确规定。

首先，其第一款对于适用前提明确了三种情形："同托运人达成协议""符合航运惯例""符合有关法律、行政法规的规定"。"同托运人达成协议"的具体形式在法条中并未明确规定，如果提单等单证中没有舱面货批注或说明，应由承运人证明和托运人的协议真实存在。对比《汉堡规则》，该条款对于未进行提单批注时承运人是否能据此对提单受

---

① 司玉琢、张永坚、蒋跃川编著：《中国海商法注释》，北京大学出版社 2019 年版，第100 页。

让人的索赔进行抗辩也并未明确规定，仅从现有条款的字面含义来看，不宜对提单受让人和托运人的索赔做区别处理。至于哪些情形属于"符合航运惯例"，除了集装箱、原木、风电叶片这几类特别显而易见的货物外，其他货物大多存在争议。

其次，第五十三条第二款仍强调此处的免责限于舱面货特殊风险致损，而非免除承运人应尽的管货义务。例如，承运人未对舱面货采取基本防雨、防水措施所致的损失就不属于特殊风险所致，承运人也无权免责。此外，此类纠纷往往涉及舱面货的绑扎系固，承运人完全免责的前提是应证明货损与绑扎系固无关或者其对绑扎系固完全不承担任何责任。实践中，舱面货的绑扎一般是由航次承租人委托绑扎公司进行操作并承担费用，绑扎作业结束后由大副进行检查确认，此时船方对舱面货的绑扎应负的责任范围还要分情况讨论。如果绑扎公司自行出具绑扎方案，那么大副一般仅是根据绑扎手册的要求进行确认，除非有明显违反绑扎手册的情况，否则船方对绑扎方案的制订和实施带来的后果所负责任有限；但有时承租人委托的绑扎公司实际上仅负责提供劳务，具体的绑扎则是由船方指挥并最终由船方出具完工验收证明，这种情况下，一旦因绑扎失效导致损失，船方的责任占比相较于前一种情况就会加大。

最后，第五十三条第三款规定，"承运人违反本条第一款规定将货物装载在舱面上，致使货物遭受灭失或者损坏的，应当负赔偿责任"，即不满足第一款所规定的三种情形时，承运人即使尽到了对货物的谨慎管理义务，仍要对舱面货特殊风险所致的损失承担责任。然而该条款并没有对此处的赔偿责任范围作出明确规定，如承运人是否还享受单位赔偿责任限制。

⑩第五十四条

该条款规定是对"多因一果"情形下承运人责任判定的规则，即

"货物的灭失、损坏或者迟延交付是由于承运人或者承运人的受雇人、代理人的不能免除赔偿责任的原因和其他原因共同造成的，承运人仅在其不能免除赔偿责任的范围内负赔偿责任；但是，承运人对其他原因造成的灭失、损坏或者迟延交付应当负举证责任"。

该条款实际脱胎于《汉堡规则》第五条第七款，其具体规定为"如果货物的灭失、损坏或迟延交付是由于承运人、其受雇人或代理人的过失或疏忽连同另一原因所引起，承运人只在能归之于这种过失或疏忽所引起的灭失、损坏或迟延交付的范围内负责。但是，承运人应对不属于这种灭失、损坏或迟延交付的数额提出证明"。根据司玉琢、张永建、蒋跃川编著的《中国海商法注释》，主流学者认为，参照《汉堡规则》，承运人须对其他原因所造成的损失负举证责任，换言之，承运人必须负责举证将两种原因所造成的损失区分开，如果他不能完成此种举证，即便承运人不能免除赔偿责任的原因在所有原因中只是一个次要原因，或者它所造成的损失在全部损失中只占很小的比例，承运人也必须对全部损失承担赔偿责任。不过司法实践中很少有采用该观点的判决出现，在"多因一果"的案件中，法院可能通过自由裁量权径行认定一个原因的占比而作出裁判。

2. 沿海和内河货物运输

沿海和内河货物运输合同承运人的责任基础主要依据《民法典》第八百三十二条的规定，相关内容可参考本章第一部分。

需要特别注意的是，沿海和内河货物运输有特殊情形受《最高人民法院关于审理船舶碰撞纠纷案件若干问题的规定》第七条第一款的约束，即非内河船之间发生碰撞的情况下，"船载货物的权利人因船舶碰撞造成其货物损失向承运货物的本船提起诉讼的，承运船舶可以依照海商法第一百六十九条第二款的规定主张按照过失程度的比例承担赔偿责任"，即因碰撞导致货损时承运人可以仅就其过错比例承担责任，这与《民法典》第八百三十二条的规定存在一定差别，在完全适用《民法典》的公路运输中，即使车辆碰撞中本车没有过失，承运人仍应向本车货物托运人承担全部赔偿责任。

（二）航空货物运输

国际航空运输中的承运人归责原则经历了从过错推定责任（《华沙公约》）到严格责任（《蒙特利尔公约》）的演变。目前，我国《民用航空法》与《蒙特利尔公约》均对航空货物运输承运人责任采用严格责任原则。《民用航空法》第一百二十五条第四款中规定，"因发生在航空运输期间的事件，造成货物毁灭、遗失或者损坏的，承运人应当承担责任"；《蒙特利尔公约》第十八条第一款则载明，"对于因货物毁灭、遗失或者损坏而产生的损失，只要造成损失的事件是在航空运输期间发生的，承运人就应当承担责任"。

《蒙特利尔公约》和《民用航空法》在涉及旅客运输和货物运输时作出了不一致的规定：对于旅客人伤损害，二者均强调"事故"（accident）导致，而第十八条对应的货物运输索赔中则强调承运人因航空"事件"（event）对货物造成损失的应当负赔偿责任。公约对旅客运输和货物运输在起因方面所使用的措辞不同。"事件"一词的外延远大于"事故"，因为后者通常被限制为突发性的有害事件。比如，在活动物运输中，健康的动物被有病的动物感染，或者食物被腐烂食物的细菌所污染，都构成公约下的"事件"，收货人因此可以获得公约第十八条规定所赋予的诉权。[①]

---

① 师怡：《国际航空货物运输承运人责任制度研究》，吉林大学 2014 年博士学位论文。

《蒙特利尔公约》和《民用航空法》对免责事由的规定同样保持一致，综合相关条款，以下情形导致的货损属于承运人免责事由：

（1）货物本身的自然属性、质量或者缺陷。

（2）承运人或者其受雇人、代理人以外的人包装货物的，货物包装不良。

（3）战争或者武装冲突。

（4）政府有关部门实施的与货物入境、出境或者过境有关的行为。

（5）货物在航空运输中因延误造成的损失，承运人应当承担责任。但是，承运人证明本人或者其受雇人、代理人为了避免损失的发生，已经采取一切必要措施或者不可能采取此种措施的，不承担责任。

（6）在货物运输中，经承运人证明，损失是由索赔人或者代行权利人的过错造成或者促成的，应当根据造成或者促成此种损失的过错的程度，相应免除或者减轻承运人的责任。

上述第（5）项对延误情形下的承运人责任规定实际上属于过错推定归责原则，属于一种特殊规定。

航空货物运输合同承运人免责事由有一个特殊之处。对于严格责任原则，一般来讲，加害人承担严格责任时，可以享有受害人过失、第三人过失和自然原因等三项抗辩事由，但在航空货物运输的法律框架下，与自然原因有关的不可抗力并没有被列为免责事由。如本章第一部分所述，不可抗力是民法领域一个普遍适用的免责事由，《民法典》第一百八十条第一款规定，"因不可抗力不能履行民事义务的，不承担民事责任"。且《民法典》属于一般法，因此在特别法，比如《民用航空法》没有规定的情况下，可以适用《民法典》关于不可抗力的规定。

（三）铁路货物运输

铁路货物运输的承运人归责原则主要依据为《民法典》和《铁路法》，是典型的严格责任，"铁路运输企业应当对承运的货物、包裹、行李自接受承运时起到交付时止发生的灭失、短少、变质、污染或者损坏，承担赔偿责任"，只有承运人证明损失是由于"不可抗力""货物或者包裹、行李中的物品本身的自然属性，或者合理损耗""托运人、收货人或者旅客的过错"所致时才可以主张免除责任。

国际铁路运输方面，我国参加的《国际铁路货物联运协定》对货损的归责原则从表述来看仍属于严格责任，但实际上通过设置大量的免责事项和特殊的举证制度，铁路承运人的赔偿责任范围较之其他运输方式小得多。

《国际铁路货物联运协定》第三十九条规定了六项二十三种承运人免责事由，其中第二项规定承运人享有以下免责事由：

（1）由于铁路不能预防和不能消除的情况。

（2）由于货物、容器、包装质量不符合要求或由于货物、容器、包装的自然和物理特性，以致引起其毁损（腐坏）。

（3）由于发货人或收货人的过失或由于其要求，而不能归咎于承运人。

（4）由于发货人或收货人装车或卸车的原因所造成。

（5）由于货物没有运送该货物所需的容器或包装。

（6）由于发货人在托运货物时，使用不正确、不确切或不完全的名称，或未遵守本协定的条件。

（7）由于发货人将货物装入不适于运送该货物的车辆或集装箱。

（8）由于发货人错误地选择了易腐货物运送方法或车辆（集装箱）

种类。

（9）由于发货人、收货人未执行或未适当执行海关或其他行政手续。

（10）由于与承运人无关的原因国家机关检查、扣留、没收货物。

上述免责事由规定中，"由于铁路不能预防和不能消除的情况"从文义解释实际上覆盖范围很广，甚至可以理解为本质上是强调只有铁路承运人具有过错才承担赔偿责任。

对于短少损失，《国际铁路货物联运协定》第三十九条第四项特别规定了承运人以下免责事由：

（1）对于有容器或包扎运送的货物，如将货物交付收货人时件数齐全，容器或包扎完好，并且没有可以成为货物短少原因的能触及内装物的外部痕迹时。

（2）对于无容器或无包扎运送的货物，如将货物交付收货人时件数齐全，并且没有可以成为货物短少原因的能触及货物的外部痕迹时。

（3）对于由发货人装入车辆、多式运输单元或汽车运输工具的货物，如将货物交付收货人时发货人的封印完好，并且没有可以成为货物短少原因的能触及货物的外部痕迹时。

（4）对于由发货人装车的集装箱货物（集装箱门朝内），如该车辆内的集装箱在运送途中没有重新摆放，并且交付收货人时没有检查封印，也没有可以成为货物短少原因的能触及货物的外部痕迹时。

（5）对于用敞车类货车承运的货物，如货物在运送途中未经换装且到达时车辆完好，并且没有能够证明运送时发生货物短少的痕迹时。

（6）对于施封的多式运输单元或汽车运输工具内的可拆零件和备用零件，如将这些多式运输单元或汽车运输工具交付收货人时发货人的封印完好。

对于延期损失，《国际铁路货物联运协定》第三十九条第六项则规定了承运人以下免责情形：

（1）由于承运人不能预防和不能消除的情况。

（2）由于发货人或收货人的过失或由于其要求，而不能归咎于承运人。

（3）由于发货人、收货人或其授权人未执行或未适当执行海关或其他行政手续。

对于国际铁路、轮渡直通联运中的承运人，《国际铁路货物联运协定》作出了特殊规定，其三十九条第七项载明，承运人在能够证明货物灭失、短少、毁损（腐坏）或货物运到逾期发生在水路区段上时，由于火灾、救助生命或财产、风险、危险或不幸事故导致的损失属于承运人免责情形。然而，上述火灾免责的举证责任与《海商法》的规定截然不同，《国际铁路货物联运协定》要求，如承运人来证明火灾不是由于其过失，也不是由于在其履行运输合同时为其提供服务的其他人在履行职责时的过失造成的。

需要格外注意的是，《国际铁路货物联运协定》对于免责事由的举证责任倾向于保护承运人，将绝大部分免责事由的举证责任施加给了发货人或收货人，其规定如查明货物的灭失、短少、毁损（腐坏）可能是由于第三十九条"承运人的责任范围"第二项第二点、第三点和第五点至第十点，以及第七项第二点和第三点所述的情况而造成，则在发货人或收货人未提出其他证明时，即认为损失是由于这些情况造成的，也就是说对于大部分免责事项，铁路承运人援引成功的前提只需达到"可能"是由于这些原因所致即可。

（四）公路货物运输

公路货物运输作为日常生活中最常见的运输方式，其归责原则为典型的严格责任，依据的是《民法典》第八百三十二条"承运人对运输过程中货物的毁损、灭失承担赔偿责任。但是，承运人证明货物的毁损、灭失是因不可抗力、货物本身的自然性质或者合理损耗以及托运人、收货人的过错造成的，不承担赔偿责任"之规定。在诉讼实践中，对法律缺乏正确认识的公路承运人常见的抗辩就是货损是第三方肇事导致，故其不应承担赔偿责任，但严格责任制度就是要求承运人对其责任期间内的货物安全承担绝对保证责任，无论货损是否与承运人本身的过错有关，除非承运人可以证明存在法律或合同规定的免责事由。

第九章

货物损失赔偿计算方式

本章导读

　　继前述章节，在确定承运人赔偿责任成立后，需进一步讨论具体的责任承担问题，即赔偿计算问题。货方的损失通常包括货物本身发生灭失、损坏产生的损失；因货物灭失、损坏而产生的检验费用、仓储费用、处置费用等；因货物灭失、损坏、迟延导致货物无法按时交付而产生的其他经济损失，如买卖合同项下的违约金等。在司法实践中，并非货方所有的损失都可以向承运人要求赔偿。即使某项损失可以向承运人索赔，也会涉及损失的计算方式。承运人在绝大多数案件中均会提出损失金额合理性的抗辩。因此，货方在处理货损案件时，有必要明确哪些损失能够向承运人索赔、损失的计算方式并收集必要的支撑材料。

一、一般规定

货方向承运人主张货物损失索赔，事实上是要求承运人承担违约赔偿责任，因此，应当遵循《民法典》关于违约损害赔偿的原则，如完全赔偿原则、可合理预见原则、非违约方防止损失扩大原则。这些原则体现在《民法典》第五百八十四条、第五百九十一条规定中。

在前述原则基础上，对于货物运输合同的违约损害赔偿，《民法典》第八百三十三条进一步规定："货物的毁损、灭失的赔偿额，当事人有约定的，按照其约定；没有约定或者约定不明确，依据本法第五百一十条的规定仍不能确定的，按照交付或者应当交付时货物到达地的市场价格计算。法律、行政法规对赔偿额的计算方法和赔偿限额另有规定的，依照其规定。"

因此，沿海内河货物运输、航空货物运输、公路货物运输以及铁路货物运输合同项下的货物灭失、损坏，均可适用《民法典》第八百三十三条的规定，应当依照以下三个规则确定货物损失的赔偿金额。

（一）当事人约定

当事人有约定的按照其约定，是合同自由的体现和要求。当事人在合同中可以约定总的赔偿数额，也可以约定赔偿额的计算方法。

实践中，比较常见的做法是货方办理保价运输。一般情况下，保价额相当于货物的价值。托运人办理保价运输的，承运人应当按照实际损失进行赔偿，但最高不能超过保价额。实际损失低于保价额的，按照实际损失进行赔偿。

同时，运输合同中可以约定承运人的赔偿责任限制。例如，在某国际进出口有限公司与某物流集团有限公司等运输合同纠纷案①中，运输合同约定"托运的货物如果发生全损、灭失、遗失或被盗，有保价的，货物实际损失高于声明价值的，按声明价值赔偿，货物实际损失低于声明价值的，按货物实际损失赔偿；未保价的按每件货物不高于 300 元给予赔偿"。法院在确认该格式条款效力的基础上，认可该条款符合"货物的毁损、灭失的赔偿额，当事人有约定的，按照其约定"的规定，允许承运人援引约定的赔偿责任限制。

（二）合同相关条款或交易习惯

《民法典》第五百一十条规定，"合同生效后，当事人就质量、价款或者报酬、履行地点等内容没有约定或者约定不明确的，可以协议补充；不能达成补充协议的，按照合同相关条款或者交易习惯确定"。

换言之，承托双方在订立合同时没有就货物损毁、灭失的赔偿额作出约定但在损失发生后达成一致意见的，仍应视为存在约定，按照当事人的约定确定赔偿额。

交易习惯是指当事人所熟悉或常用的交易方式，用交易习惯弥补当事人之间未明确约定的事项，是将当事人之间的习惯做法作为其共同的意思表示。《最高人民法院关于适用〈中华人民共和国民法典〉合同编通则若干问题的解释》第二条规定："下列情形，不违反法律、行政法规的强制性规定且不违背公序良俗的，人民法院可以认定为民法典所称的'交易习惯'：（一）当事人之间在交易活动中的惯常做法；（二）在交易行为当地或者某一领域、某一行业通常采用并为交易对方订立合同时所知道或者应当知道的做法。对于交易习惯，由提出主张的当事人一

---

① 本案系作者在工作实践中收集整理而来，仅供读者研究参考。

方承担举证责任。"实践中，主张依照交易习惯确定货物损毁、灭失的赔偿额的先例较少。

（三）按照到达地市场价格计算

依照《民法典》第五百一十条的规定仍不能确定的，以交付时或者应当交付时货物到达地的市场价格来计算货物的赔偿额，目的在于使托运人或收货人获得假如货物安全及时到达并按合同交付时所获得的利益，有利于保护托运人或者收货人的利益。

以上述规则为原则，在案件中应当具体分析适当的计算方式，如有的货损金额可以按照市场价格估算（货物如未损毁的全部价值再减去货物残值），有的货损金额可以按照货物的修复费用计算。

二、《海商法》特殊规定

（一）国际海上货物运输中货物全损赔偿计算

如前所述，国际海上货物运输，是指承运人将货物经海路由一港运至另一港的合同，但不包括我国港口之间的海上运输和拖航。

针对国际海上货物运输，《海商法》第五十五条规定，"货物灭失的赔偿额，按照货物的实际价值计算""货物的实际价值，按照货物装船时的价值加保险费加运费计算""前款规定的货物实际价值，赔偿时应当减去因货物灭失或者损坏而少付或者免付的有关费用"。

换言之，在国际海上货物运输中，货物灭失的赔偿额按照货物的"到岸价"计算，而不是货物在目的港应当交付之时的市场价格。所谓到岸价，是指货物的 CIF 价格，包括货物的采购价格、运费及保费。

与《民法典》对货物损失赔偿计算的一般规定相比较，不难发现，《海商法》有意将货物灭失所致的进口税费损失、可得利润损失等排除在承运人的赔偿责任范围之外。

（二）国际海上货物运输中货物部分损失赔偿计算

《海商法》第五十五条中对于货物灭失和货物损坏采用不同的计算方式，对于货物损坏的赔偿额规定，"按照货物受损前后实际价值的差额或者货物的修复费用计算"。

该条规定了两种货损赔偿额的计算方法，最高人民法院将其归纳为修复费用法及贬值法。实际个案中，需要根据具体案情来判断，选择最能反映当事人实际损失的计算方法。一般来说，对受损货物采取维修措施的，采用修复费用法；对受损货物采取折价销售方式的，采用贬值法可能更为恰当。

关于贬值法，《海商法》第五十五条的表述是"按照货物受损前后实际价值的差额"，实际价值的差额应理解为直接因货物损坏导致的价值贬损，不包括市场波动导致的贬值，即所谓的市价损失。但在司法实践中，当事人往往只能提供货物受损前的 CIF 价格和受损后的销售价，如何排除差价中的市场因素系审判难点。

在哈池曼海运公司与上海申福化工有限公司、日本德宝海运株式会社海上货物运输合同货损纠纷案①中，最高人民法院首次详细阐明了贬值法的理解和适用思路。最高人民法院认为，排除市价损失应首先计算货物的贬损率。以目的港完好货物的市场价值减去受损货物的销售价值，除以完好货物的市场价值，得出货物的贬损率。再通过贬损率来计

---

① 《最高人民法院公报》2016 年第 2 期。

算货物因运输损害造成的价值损失额。

当然，实践中，并非所有货物都可以查明"目的港完好货物的市场价值"。例如，在某财产保险公司与某公司海上货物运输合同纠纷案①中，因涉案货物国内使用较少，无成熟现货市场，双方当事人均不能提供目的港完好货物的市场价及价格波动情况，也无同类同质货物参照，无法参照上述公报案例确定的规则计算货物贬值率，故采用"直接相减法"计算货损，对于此后审理同类案件具有一定参考价值。

三、其他损失的计算问题

（一）迟延交付损失

承运人在运输合同中有一项主合同义务即运输义务，涉及最基本的三点要求：一是时间要求；二是安全要求；三是目的地要求。货物实际损毁、灭失，是针对安全要求而言；而在部分案件中，货物并未遭受实际损毁、灭失，而是由于承运人未能达到时间要求而导致托运人遭受损失。在此情况下，迟延交付导致的损失如何计算、赔偿，亦应列入考虑范围。

依照《民法典》第八百一十一条的规定，承运人应当按照约定或者合理的时间安全地将旅客、货物运输到约定的地点，即通常所说的承运人的"合理速遣"义务。该条款没有规定承运人违反"合理速遣"义务

---

① 参见浙江省高级人民法院（2017）浙民终3号民事判决书，载中国裁判文书网，https：//wenshu. court. gov. cn/website/wenshu/181107ANFZ0BXSK4/index. html？docId=pl5PTLOzdgnANxp9oYZNcX3pI0FwdE0sdRjlW08ThTN/NXkDTtimWPUKq3u+IEo4Jr3CPez96liVUtoVNbAhra9wM5vncradmCKTcRnGYxZ1qVbCFZfWp/E57gYY0FEL，最后访问时间：2024年3月4日。

应如何承担赔偿责任,在《民法典》层面应当适用运输合同章有关损害赔偿和合同编中违约责任章的规定。换言之,即便迟延交付并未导致货物的实际损失,托运人仍有权利就该违约行为主张承运人承担赔偿责任。如果合同约定逾期运到违约金,则承运人应当根据法律有关违约金的规定向托运人承担支付违约金的责任;如果承运人逾期运到给托运人造成实际损失,而约定违约金又不足以弥补该损失的,托运人还可以要求承运人赔偿不足部分。

针对此问题,《海商法》对于国际海上货物运输作出特别规定。根据《海商法》第五十条的立法本意,国际海上货物运输承运人仅对合同明确约定运到交付时间情形下因承运人不可免责过失造成的迟延交付经济损失承担赔偿责任。对于合同没有明确约定交付时间的,承运人一般不按合理期限承担赔偿迟延交付经济损失的责任。

(二) 其他损失赔偿范围

《民法典》第八百三十三条中"按照交付或者应当交付时货物到达地的市场价格计算"的计算方式意在与其第五百八十四条的完全赔偿原则保持一致。完全赔偿原则要求赔偿使受害一方能够恢复到合同正常履行时的状态。因此,若运输货物发生毁损或灭失同时导致货方额外支出检验费用、仓储费用、受损货物的分拣和处置费用等,这些额外费用也是承运人的违约行为导致的直接损失,虽然《民法典》第八百三十三条没有明确该部分损失的负担,但基于完全赔偿原则货方可以要求承运人予以赔偿。

在国际海上货物运输纠纷中,上述损失是否可以要求承运人赔偿时常发生争议。承运人的赔偿范围是否限于《海商法》第五十五条?换言之,除了货物损失外,货物受损后相继产生的费用(比如分拣费用、仓储费用、销毁费用、检验费用等）或者损失（比如转运造成的货物短量）是否属于承运人的赔偿范围？

在某货运代理公司与某轮船公司海上货物运输合同纠纷案①中，货方除了索赔货物全损外，还向承运人索赔无害化处理费用。最高人民法院认为，根据中国《海商法》第四十六条、第五十五条和第五十六条规定的文义、相互关系和立法本意，《海商法》第五十五条不仅仅是对货物灭失或者损坏的赔偿额计算方法的规定，也是对承运人赔偿责任范围的规定，在《海商法》已经对承运人货物赔偿范围作出明确规定的情况下，不应在此规定之外再适用《民法典》的一般规定扩大承运人的赔偿责任范围。但是，值得注意的是，在哈池曼海运公司与上海申福化工有限公司、日本株式会社海上货物运输合同货损纠纷案②、某海运有限公司与某供销有限公司海上、通海水域货物运输合同纠纷案③中，除货物损失外，最高人民法院均在一定程度上支持了与货损密切相关的其他费用，包括但不限于仓储费用、中转费用、检验费用等。

（三）货物增值税抵扣问题

在货物全损情况下增值税款可否抵扣是承运人及货运险保险人在运输合同纠纷及保险合同纠纷案件中常见的争议。司法实践中，各地法院对该问题的认识也存在显著差异。

在笔者团队处理的某商贸有限责任公司与某财产保险公司海上保险

---

① 本案系作者在工作实践中收集整理而来，仅供读者研究参考。

② 《最高人民法院公报》2016 年第 2 期。

③ 参见最高人民法院（2021）最高法民申 1976 号民事裁定书，载中国裁判文书网，https://wenshu.court.gov.cn/website/wenshu/181107ANFZ0BXSK4/index.html? docId=yJxAGr8vjV21NNdiyqjL7uQdg8AhpObE6kuLUXH5g4O9GI5dEDB2L2I3IS1ZgB82UHV5zeO7SVQskxwhCsqaDq9wM5vncradmCKTcRnGYxagZCJykiy0+c5Ts58zDbo9，最后访问时间：2024 年 2 月 28 日。

合同纠纷案①中，某海事法院致函某区税务局请求协助调查核实，涉案货物发票可否依法作为进项抵扣。某区税务局明确回复，"根据《中华人民共和国增值税暂行条例》（以下简称《暂行条例》）第十条第二项规定，非正常损失的购进货物，以及相关的劳务和交通运输服务的进项税额，不得从销项税额中抵扣。而《中华人民共和国增值税暂行条例实施细则》第二十四条规定，'《暂行条例》第十条第二项所称非正常损失，是指因管理不善造成被盗、丢失、霉烂变质的损失'。纳税人因交通意外造成的损失，不属于暂行条例及其实施细则所称的非正常损失范畴，该部分货物对应的进项税额可以正常抵扣"。

因此，在计算货物损失金额时，有必要结合货物损失原因，对增值税问题进行查明、扣减。举例来说，甲在 A 地花费 113 元（含增值税 13 元）购买一批货物，后续，甲将货物以 200 元卖出，货物在途中的运输风险由甲方承担。货物运往 B 地途中因交通事故而灭失。据查明，涉案货物在 B 地的市场价格同样为 200 元。在此情况下，依照《民法典》第八百三十三条的规定，承运人应当赔偿甲 200 元。但如将增值税抵扣也列入考虑范围，不难发现甲方在获得 200 元赔偿的同时，仍可向税务机关申请抵扣 13 元增值税。换言之，甲方因承运人的违约行为获得超出合同如期履行状态的收益。

四、货物损失赔偿计算所需证据材料收集指引

在明确货物损失赔偿计算规则的基础上，应重点注意，货物损失赔偿计算也是一个事实问题。在处理货物运输合同纠纷案件时，货方要尽

---

① 本案系作者团队承办。

快通知承运人，邀请承运人共同参与货物损失的检验，尽量在案件处理前期确定货物的损失情况。同时，货方应重视相关材料的收集。

第一，应注意准确判断货物的损失程度，是否构成实际全损、推定全损或不同程度的部分损失。其中，《海商法》明确规定，推定全损，是指为避免发生实际全损所需支付的费用与继续将货物运抵目的地的费用之和超过保险价值的损失。《民法典》《保险法》中虽无同样概念，但应可类推适用。在此问题上，货方应注意收集对应合同约定的货物标准、国家或行业的相关标准、受损货物的照片、指标差异、功能瑕疵等能够反映货物实际损失情况的证据。

第二，应注意收集货物损失金额的相关材料。对于实际全损或推定全损的货物，货方应妥善收集受损货物的废弃证明、销售合同及对应的发票、支付凭证以及目的地完好货物的市场价格。同时，如受损货物仍可做残值处理，应保留相关的残值销售的公开询价及报价记录、残值销售合同及对应的发票和支付凭证。

对于部分损失的货物，应进一步区分后续措施。对于维修的货物，应当注意就维修项目公开询价，保留询价及报价记录、维修合同及对应的发票、支付凭证；对于折价销售的货物，应同样注意保留销售合同、发票及支付凭证。

实践中，因货物种类各有区别、损失程度各有差异，受损货物的处理方式千差万别。围绕货物合理损失这一证明目的，货方在明确货物损失赔偿计算规则的基础上，应具体案件具体分析，充分利用检验人的力量，细致、周延地完成相应的举证责任。

第十章

承运人的赔偿责任限制

本章导读

本章主要讲述承运人的赔偿责任限制。在承运人的赔偿责任相对明确的情况下，赔偿责任限制是承运人最为有利的抗辩权。此外，如责任限额较低，承运人甚至不执着于赔偿责任是否成立的问题，而径行主张责任限制权利，以实现抗辩成本的最优。目前，货物价值不断升高与责任限额持续保持低位，是货物运输领域相对突出的矛盾。因此，在货运险理赔、追偿过程中，都应将赔偿责任限制问题作为必备要素予以考虑。

依照分类标准不同，可将赔偿责任限制的权利做多种分类。例如，依权利来源的不同，可分为法定的赔偿责任限制权利和约定的赔偿责任限制权利。本章以运输方式为分类标准，整理承运人可能享有的赔偿责任限制权利的法律基础及其适用条件，以便提供原则性的指引。

因适用法律不同，在赔偿责任限制问题上，可将水路货物运输进一步区分为：国际海上货物运输、沿海货物运输以及内河货物运输。不同运输方式的承运人享有的赔偿责任限制权利有所区别。

一、水路货物运输

（一）国际海上货物运输

1. 单位赔偿责任限制

单位赔偿责任限制，主要是指《海商法》第五十六条所建立的抗辩权。同时，《海商法》第四十四条、第五十七条、第五十八条、第五十九条等条款是该抗辩权的辅助条款。单位赔偿责任限制主要包括以下三个问题：

（1）权利主体

《海商法》中海上货物运输合同一章规定了三种合同形式，即提单运输合同、航次租船合同和多式联运合同，三者定义分别见于其第四十一条、第九十二条及第一百零二条。

参见《海商法》第五十六条中关于"承运人"的措辞表述，通常认为，国际海上货物运输合同（包括提单证明的国际海上货物运输合同）项下的承运人、实际承运人为单位赔偿责任限制的权利主体。

在实践中，有争议的是航次租船合同项下的出租人能否主张单位赔偿责任限制。航次租船合同项下的出租人不同于提单运输合同项下的承运人，似乎不享有单位赔偿责任限制权利。然而，《海商法》第九十四条第二款规定，"本章其他有关合同当事人之间的权利、义务的规定，仅在航次租船合同没有约定或者没有不同约定时，适用于航次租船合同的出租人和承租人"。因此，此问题的关键在于该条款是否可将单位赔偿责任限制默示地填补至无相反约定的航次租船合同中。目前，司法裁判规则尚不稳定。

然而，此类问题并不常见。一方面，部分航次租船合同并入了《海牙规则》、《海牙—维斯比规则》或《汉堡规则》；另一方面，航次租船合同通常在"金康合同"的基础上由双方协定，而在1994年"金康合同"标准措辞中出租人仅在船舶不适航的情况下，方承担货物损坏或灭失的赔偿责任。而船舶不适航的情形较为少见，且在此情形下，有相当大的概率突破单位赔偿责任限制。

除承运人本人外，其受雇人或代理人可同样援引单位赔偿责任限制。《海商法》第五十八条第二款是典型的"喜马拉雅条款"，即如货物灭失、损坏或迟延交付的诉讼"是对承运人的受雇人或者代理人提起的，经承运人的受雇人或者代理人证明，其行为是在受雇或者受委托的范围之内的"，适用单位赔偿责任限制的规定。

在此问题上，应关注港口经营人是否为单位赔偿责任限制权利主体。如前面章节所述，《全国法院涉外商事海事审判工作座谈会会议纪要》第六十七条明确规定，港口经营人不属于单位赔偿责任限制的权利主体。如托运人或收货人直接以侵权起诉港口经营人，港口经营人将不受单位赔偿责任限制，此点与之前不少将港口经营人视为承运人的代理人的裁判先例存在差异。

（2）赔偿限额的计算

《海商法》第五十六条第一款前半部分规定，"承运人对货物的灭失或者损坏的赔偿限额，按照货物件数或者其他货运单位数计算，每件或者每个其他货运单位为666.67计算单位，或者按照货物毛重计算，每公斤为2计算单位，以二者中赔偿限额较高的为准"。其中，该条款所称计算单位是指"特别提款权"（SDR），可通过国际货币基金组织官网查询相关汇率。

需注意"货物件数或者其他货运单位数"的界定方式。原则上，应注意提单或其他运输单证上记载的货物件数。理论上，货物的"件"是指货物的包装单位，如箱、桶、包、捆等。对非包装货物以货运单位计，通常指运费单位。[1] 同时，根据《海商法》第五十六条第二款、第三款的规定，当货物用集装箱、货盘或类似装运器具集装时，如提单或其他运输单证中没有记载装运器具中所载货物件数，则每一装运器具视为一件或一个货运单位。此外，装运器具不属于承运人所有或者非由承运人提供的，装运器具本身应当视为一件或者一个单位。

需要特别强调的是，在提单或其他运输项下仅部分货物受损的情况下，应以该部分受损货物对应的数量、重量计算赔偿责任限制。例如，在某财产保险公司诉某航运有限公司等海上货物运输合同纠纷案[2]中，广州海事法院查明集装箱内货物共计 176 件，但仅 69 件货物灭失，因此，法院判决 58 件货物单件损失额未超过单位赔偿责任限制，以实际金额计算赔偿；11 件货物单件损失额超过单位赔偿责任限制，应按限额计算赔偿。

（3）责任限制的丧失

单位赔偿责任限制的突破存在两种途径：一是依照《海商法》第五十六条第一款"但书"部分的规定，即"托运人在货物装运前已经申报其性质和价值，并在提单中载明的，或者承运人与托运人已经另行约定高于本条规定的赔偿限额的除外"。二是依照《海商法》第五十九条第一款的规定，即"经证明，货物的灭失、损坏或者迟延交付是由于承运人的故意或者明知可能造成损失而轻率地作为或者不作为造成的，承运

---

[1] 司玉琢：《海商法专论》（第三版），中国人民大学出版社 2015 年版，第 76 页。

[2] 参见广州海事法院（2013）广海法初字第 316 号民事判决书，载中国裁判文书网，https://wenshu.court.gov.cn/website/wenshu/181107ANFZ0BXSK4/index.html? docId=EeOUo0kvtCLmcDqp0CSiqZH5ODkaXuuWqCLl4Ve+qqSszLU5t4egyGI3IS1ZgB82UHV5zeO7SVQskxwhCsqaDq9wM5vncradmCKTcRnGYxYCgJyFuh1x7mHQ9Dp4YLYp，最后访问时间：2024 年 3 月 4 日。

人不得援用本法第五十六条或者第五十七条限制赔偿责任的规定"。

对第一种途径而言，在国际海上货物运输实践中，托运人通常不会申报货物的价值并在提单中载明，即通常所说的"保价"。在保险理赔和追偿过程中，可以向托运人核实此点，并关注提单是否记载有货物价值。此外，承运人与托运人已经另行约定高于法定赔偿限额的条款在实践中亦不多见。同时，依照《海商法》第四十四条"海上货物运输合同和作为合同凭证的提单或者其他运输单证中的条款，违反本章规定的，无效"的规定，如承运人与托运人另行约定低于法定赔偿限额的条款，则该条款不具有法律效力。

对第二种途径而言，国际和国内司法普遍对此作出限制性解释，使得实践中赔偿责任限制权利不轻易丧失。在实践中，成功突破承运人单位赔偿责任限额的案件极少。

2. 迟延交付赔偿责任限制

根据《海商法》第五十条第一款的规定："货物未能在明确约定的时间内，在约定的卸货港交付的，为迟延交付。"由此可见，只有在明确约定了交付时间的情况下，才会存在迟延交付。现实中，海上货物运输合同双方鲜少会约定交付时间。尽管如此，《海商法》还是对这种情况下承运人的赔偿责任限制作出了相应的规定。

（1）权利主体

迟延交付赔偿责任限制与单位赔偿责任限制主体相同。

（2）赔偿限额的计算

根据《海商法》第五十七条的规定，"承运人对货物因迟延交付造成经济损失的赔偿限额，为所迟延交付的货物的运费数额"。

（3）责任限制的丧失

根据《海商法》第五十九条第一款的规定，突破迟延交付赔偿责任限制的途径同突破单位赔偿责任限制的途径一致，都是证明货物的灭失、损坏或者迟延交付是由于承运人的故意或者明知可能造成损失而轻率地作为或者不作为造成的。

（4）单位赔偿责任限制和迟延交付赔偿责任限制的关系

单位赔偿责任限制针对的是货物灭失或损坏的情况，而如果货物仅为迟延交付而未遭受灭失或损坏的，则应依照《海商法》第五十七条，适用迟延交付的赔偿责任限制规定。如果货物的灭失或者损坏和迟延交付同时发生，承运人的赔偿责任适用单位赔偿责任限制。换言之，在这种情况下，货物灭失的赔偿限额中，包括因迟延交付造成的其他经济损失或迟延交付的赔偿限额。①

3. 海事赔偿责任限制

海事赔偿责任限制是指在发生重大海损事故时，责任人根据法律的规定，将自己的赔偿责任限制在一定范围内的法律制度。② 海事赔偿责任限制的规定主要见于《海商法》第十一章及《最高人民法院关于审理海事赔偿责任限制相关纠纷案件的若干规定》。

海事赔偿责任限制与单位赔偿责任限制属于两种不同的制度，但是在保护承运人、船舶经营人等主体的利益方面有类似之处。针对货物灭失或损坏，海事赔偿责任限制主要包括如下四个问题：

（1）权利主体

不同于单位赔偿责任限制，海事赔偿责任限制的权利主体包括船舶所有人、船舶承租人、船舶经营人、救助人以及保险人。同时，依照"喜马拉雅条款"的规定，船舶所有人、船舶承租人、船舶经营人、救

---

① 司玉琢：《海商法专论》（第三版），中国人民大学出版社 2015 年版，第 77 页。
② 司玉琢：《海商法专论》（第三版），中国人民大学出版社 2015 年版，第 314 页。

助人的受雇人、代理人亦可享有该抗辩权利。

与单位赔偿责任限制类似，航次租船合同的承租人是否具有主张海事赔偿责任限制权利一度存在很大争议。目前司法裁判规则已相对明确。在某物流公司与某财产保险公司海上、通海水域货物运输合同纠纷案①中，广州海事法院判决航次租船合同的承租人不享有主张海事赔偿责任限制的权利。在该案再审中，最高人民法院最终认可前述判决结果。

（2）赔偿限额的计算

与单位赔偿责任限额所适用的计算方式不同，在海事赔偿责任限制制度下，责任人的赔偿限额适用于一次事故所引起的所有赔偿请求，在同一个海上事故中不论造成的损失有多大，亦不论在该事故中有多少个海事请求人，所有的请求人都只能按照法律的规定，在一个限额之内受偿，此即"一次事故一个限额原则"。因此，海事赔偿责任限制以船舶总吨为计算基础，而与货物的重量或数量无关。

货物灭失或损坏属于非人身伤亡的赔偿请求，根据《关于不满300总吨船舶及沿海运输、沿海作业船舶海事赔偿限额的规定》第三条及《海商法》第二百一十条第二款的规定，非人身伤亡的赔偿限额应按如下方法计算：

船舶总吨	赔偿限额	备注
20–21 吨	27500 计算单位	针对超过 20 总吨、不满 300 总吨的船舶
21–300 吨	每吨增加 500 计算单位	

① 参见最高人民法院（2017）最高法民再 69 号民事判决书，载中国裁判文书网，https：//wenshu. court. gov. cn/website/wenshu/181107ANFZ0BXSK4/index. html？docId＝CrwctswsbZXdAEnQ1K0R9Zq2UQjg9wCYePQqXLYptsd08y9MQQZhb2I3IS1ZgB82UHV5zeO7SVQskxwhCsqaDq9wM5vncradmCKTcRnGYxYCgJyFuh1x7kQpVGnYJK5p，最后访问时间：2024 年 3 月 4 日。

船舶总吨	赔偿限额	备注
300–500 吨	167000 计算单位	针对 300 总吨以上（含本数）的船舶
501–30000 吨	每吨增加 167 计算单位	
30001–70000 吨	每吨增加 125 计算单位	
超过 70001 吨的部分	每吨增加 83 计算单位	

注：不以船舶进行救助作业或者在被救船舶上进行救助作业的救助人，其责任限额按照总吨位为 1500 吨的船舶计算。

此外，依照《海商法》第二百一十条第三款的规定，如人身伤亡的赔偿限额不足以支付全部人身伤亡的赔偿请求的，其差额应当与非人身伤亡的赔偿请求并列，在非人身伤亡的赔偿限额中按照比例受偿。

（3）责任限制的丧失

依照《海商法》第二百零九条的规定，"经证明，引起赔偿请求的损失是由于责任人的故意或者明知可能造成损失而轻率地作为或者不作为造成的，责任人无权依照本章规定限制赔偿责任"。同突破单位赔偿责任限制的途径相似，突破海事赔偿责任限制，也需要证明"责任人的故意或者明知可能造成损失而轻率地作为或者不作为"。

（4）单位赔偿责任限制与海事赔偿责任限制的关系

目前，通说认为，二者在责任限制上有着前后承接的关系。如货物灭失或损坏的责任方同时满足单位赔偿责任限制、海事赔偿责任限制的构成要件，则该责任方有权先行主张单位赔偿责任限制，以便确定可参与海事赔偿限额的分配债权。

承运人所承担的责任是按照单位赔偿责任限制标准与所受损失的货物数量或重量总数的乘积计算，这可以说是承运人所享有的第一次责任限制。如果承运人还符合海事赔偿责任限制的规定，属于海事赔偿责任的主体范围，则可以享受第二次责任限制，即承运人按第一次责任限制计算出来的责任限额超过海事赔偿责任限额的部分可以不予赔偿。

(二) 沿海货物运输

沿海货物运输不属于《海商法》第四章规定的"海上货物运输合同",因此,无法适用承运人单位赔偿责任限制及迟延交付赔偿责任限制。但是,由于从事沿海运输的船舶满足《海商法》第三条对"船舶"的定义,沿海货物运输的承运人或有机会主张海事赔偿责任限制。

依照《关于不满300总吨船舶及沿海运输、沿海作业船舶海事赔偿限额的规定》,沿海作业船舶的海事赔偿责任限额,应当按照上述一般海事赔偿限额的50%计算,具体如下:

船舶总吨	赔偿限额	备注
20-21 吨	13750 计算单位	针对不满 300 总吨的沿海作业船舶
21-300 吨	每吨增加 250 计算单位	
300-500 吨	83500 计算单位	针对 300 总吨以上(含本数)的沿海作业船舶
501-30000 吨	每吨增加 83.5 计算单位	
30001-70000 吨	每吨增加 62.5 计算单位	
超过 70001 吨的部分	每吨增加 41.5 计算单位	

同时,依照《关于不满300总吨船舶及沿海运输、沿海作业船舶海事赔偿限额的规定》第五条的规定,如同一事故中的当事船舶的海事赔偿限额,有适用一般海事赔偿限额的,则其他当事船舶的海事赔偿限额应同样适用一般海事赔偿限额,而不考虑其是否为沿海作业船舶。例如,在笔者团队代理的某海洋石油工程有限公司诉蔡某甲、蔡某乙损害责任纠纷案中①,福建省高级人民法院适用该条款裁判沿海作业渔船适用一般的海

---

① 本案系作者团队承办。

事赔偿限额，即根据《海商法》第二百一十条的规定计算责任限额。

（三）内河水路货物运输

内河水路货物运输的承运人不适用《海商法》第三条及第四章的相关规定，而应适用《民法典》。在此情况下，内河水路货物运输的承运人并不具有法定的赔偿责任限制的权利，包括单位赔偿责任限制、迟延交付赔偿责任限制以及海事赔偿责任限制。此前实践中存在争议的情况是内河船舶在沿海运输作业过程中发生事故，是否可以享受海事赔偿责任限制。《全国法院涉外商事海事审判工作座谈会会议纪要》第七十一条明确规定，"【内河船舶不得享受海事赔偿责任限制】海商法第十一章关于海事赔偿责任限制规定适用的船舶应当为海商法第三条规定的海船，不适用于内河船舶。海船的认定应当根据船舶检验证书记载的航行能力和准予航行航区予以确认，内河船舶的船舶性质及其准予航行航区不因船舶实际航行区域而改变"。

尽管内河运输承运人无法定的赔偿责任限制，与国内公路货物运输承运人一样，内河水路货物运输承运人与托运人可以约定赔偿责任限制。此点我们将在下文予以说明。

二、航空货物运输

（一）国际航空货物运输

1.《蒙特利尔公约》规定的赔偿责任限制

（1）权利主体

根据《蒙特利尔公约》的规定，赔偿责任限制的权利主体是国际航空运输承运人（即缔约承运人）和实际承运人。

（2）责任限额的计算

《蒙特利尔公约》第二十二条第三款及第四款规定，如货物在航空运输期间内遭受损坏、灭失或迟延的，承运人的赔偿责任以每公斤 17 个特别提款权为限。同时，与海上单位赔偿责任限制相同，如货物部分遭受损坏、灭失的，应以该部分货物的总重计算赔偿限额。

《蒙特利尔公约》第二十四条系对赔偿限额的复审制度。根据 2019 年复审的结果，《蒙特利尔公约》项下承运人对货物损坏、灭失和迟延的赔偿责任限额已提升至每千克 22 个特别提款权。

（3）责任限制的丧失

突破航空责任限制的规定与突破海上单位赔偿责任限制的规定类似，即托运人申明货物价值且承运人接受，或损失是由于承运人、实际承运人的故意或明知可能造成损失而轻率地作为或不作为造成的。此外，如果承运人同意未经填具航空货运单而载运货物的，那么无权援引责任限制。

2.《民用航空法》规定的赔偿责任限制

在航空货物运输方面，《民用航空法》与《蒙特利尔公约》相比，区别体现在赔偿限额的标准上。根据《民用航空法》第一百二十九条的规定，承运人的赔偿责任限制以每公斤 17 个特别提款权为限。因此，如果是《蒙特利尔公约》调整范围内的国际货物运输，适用公约规定的责任限额比适用《民用航空法》规定的责任限额对索赔人更加有利。

（二）国内航空货物运输

《民用航空法》第一百二十八条第一款规定："国内航空运输承运人的赔偿责任限额由国务院民用航空主管部门制定，报国务院批准后公布执行。"根据这一法规的授权，2006 年 1 月 29 日经国务院批准发布的《国内航空运输承运人赔偿责任限额规定》第三条规定对旅客托运的行李和对运输的货物的赔偿责任限额为每千克人民币 100 元。

三、铁路货物运输

(一) 权利主体

既然本章讨论的是承运人赔偿责任限制问题，那么权利主体一定是承运人。参见本书第六章，铁路运输合同的承运人不仅需要签订《铁路货物运输合同》，可能还需要取得相应的铁路运输行政许可。同时，《铁路法》通篇用语都是"铁路运输企业"，而没有"承运人"一词，因此，享有铁路运输赔偿责任限制权利的主体应当是取得铁路运输行政许可的铁路运输企业。

(二) 赔偿限额的计算

《铁路法》第十七条第一款规定，铁路运输企业应当对承运的货物、包裹、行李自接受承运时起到交付时发生的灭失、短少、变质、污染或者损坏，承担赔偿责任。对于损失金额的计算，如有托运人或旅客办理保价运输的，按照实际损失赔偿，但最高不超过保价额；如未办理保价运输的，按照实际损失赔偿，但最高不超过国务院铁路主管部门规定的赔偿限额。其中，国务院铁路主管部门规定的赔偿限额是指《铁路货物运输规程》第五十六条的规定。该规程于1991年颁布，赔偿限额较低，具体如下：

类型	单位	赔偿限额
不按件数只按重量承运的货物	每吨	100 元
按件数和重量承运的货物	每吨	2000 元
个人托运的搬家货物、行李	每 10 公斤	30 元

例如，在某专业合作社诉某铁路局铁路货物运输合同纠纷案①中，货物在铁路运输途中发生丢失，某铁路局需要对货物损失承担赔偿责任。白城铁路运输法院认为，根据《铁路货物运输规程》第五十六条的规定，丢失货物重量为 1.711 吨，赔偿限额为 3422 元。

（三）责任限制的丧失

《铁路法》第十七条规定，如果托运人办理保价运输或者"如果损失是由于铁路运输企业的故意或者重大过失造成的，不适用赔偿限额的规定"。《最高人民法院关于审理铁路运输损害赔偿案件若干问题的解释》第二条进一步明确规定，"'重大过失'是指铁路运输企业或者其受雇人、代理人对承运的货物、包裹、行李明知可能造成损失而轻率地作为或者不作为"。

从措辞的角度讲，铁路运输企业丧失责任限制的情况与航空货物运输当中的规定一致。实践中，法院认定铁路运输企业具有"重大过失"的标准相对宽松，主要包括如下几类情况：

在某商贸公司诉某铁路局等铁路货物运输合同纠纷案②中，在铁路

---

① 本案系作者在工作实践中收集整理而来，仅供读者研究参考。
② 参见辽宁省高级人民法院（2015）辽民二终字第 00150 号民事判决书，载中国裁判文书网，https://wenshu.court.gov.cn/website/wenshu/181107ANFZ0BXSK4/index.html? docId=m9l7mDe8rk6zPKxw92uSOMbv4XXyTvAybMU4QvhwqP2TTW36i+UQCGI3IS1ZgB82UHV5zeO7SVQskxwhCsqaDq9wM5vncradmCKTcRnGYxYCgJyFuh1x7kB/aV273SD9，最后访问时间：2024 年 3 月 4 日。

运输企业"无单放货"的情况下，审理法院判决因货物错误交付而导致的损失，铁路运输企业不得主张责任限制。

在某贸易有限责任公司诉中国铁路某局集团有限公司等铁路货物运输合同纠纷案[①]、李某诉中国铁路某局集团有限公司铁路货物运输合同纠纷案[②]中，在货损系铁路运输企业明显未能履行合同义务导致的情况下，审理法院认定铁路运输企业不得主张责任限制。

在某米业有限公司诉某铁路局铁路货物运输合同纠纷案[③]中，涉案货物在运输过程中因遭受盗窃而灭失，法院认为"铁路运输工作人员违反有关规定，长时间没有坚守岗位，没有履行保管、防护职责；在发现货物丢失后，没有按照铁道部、铁路总公司相关规定处理，没有对现场进行检查和编制货运记录，没有及时发出货物损失查复书，也没有及时向公安机关报案，属于明知可能造成损失而轻率地作为或者不作为，构成了重大过失"。

最后值得注意的是，关于国际铁路货物运输，中国业已加入《国际铁路货物联运协定》。该协定第四十二条对货物灭失、损坏的赔偿作出规定，当声明价格的货物全部或部分灭失损坏时，承运人应按声明价格

---

① 参见南宁铁路运输中级法院（2015）宁铁中民终字第4号民事判决书，载中国裁判文书网，https：//wenshu. court. gov. cn/website/wenshu/181107ANFZ0BXSK4/index. html？docId＝GvdWoLTHX0WJ2WMsPn0hZ3rrPKQGzrg5a18a1FVMJYEmMPU2bpcG8mI3IS1ZgB82UHV5zeO7SVQskxwhCsqaDq9wM5vncradmCKTcRnGYxYCgJyFuh1x7oLmkl9qNxuz，最后访问时间：2024年3月4日。

② 参见昆明铁路运输中级法院（2020）云71民终33号民事判决书，载中国裁判文书网，https：//wenshu. court. gov. cn/website/wenshu/181107ANFZ0BXSK4/index. html？docId＝4L13DrbIdEzq4Dh40RMkLVUdYMP8kf1fKNHCN0CmiHYQzML30c5oe2I3IS1ZgB82UHV5zeO7SVQskxwhCsqaDq9wM5vncradmCKTcRnGYxY/AgzbsYGlfNXvwZ4yXV3j，最后访问时间：2024年3月4日。

③ 参见长春铁路运输法院（2015）长铁民初字第13号民事判决书，载中国裁判文书网，https：//wenshu. court. gov. cn/website/wenshu/181107ANFZ0BXSK4/index. html？docId＝8gSbm+bn46PCXR5RoRagJO557B7WeNEx8liEEDWSswYxYae7Ui/zqGI3IS1ZgB82UHV5zeO7SVQskxwhCsqaDq9wM5vncradmCKTcRnGYxY/AgzbsYGlfLcgafHPkcqV，最后访问时间：2024年3月4日。

给予赔偿。但是对未声明价格货物的灭失、损坏，该协定并未明确规定承运人的责任限制金额。

四、公路货物运输

公路货物运输并无法定的责任限制规定。为了确保风险与收益的平衡，公路货物承运人通常在合同中设置赔偿限额条款作为风险防控的手段，如"责任上限以合同总运费金额为限""货物损坏最高按照当次运费的 5 倍赔偿"等。

在司法实践中，这类合同条款的效力存在争议。此问题实则是对约定责任限制的司法认定，并不局限于公路运输方式。在水路货物运输、航空货物运输或者铁路货物运输中，合同当事人同样可以约定责任限制，也将面对同样问题。笔者在此部分一并分析。

（一）约定责任限制条款的效力

1. 认定责任限额的约定有效

在民法领域，尤其在合同范围内，意思自治原则一直处于核心地位。运输合同当事方约定赔偿责任限额，表明其对违约责任的后果有明确的预期，托运人自愿放弃进一步的索赔权利，是对其民事权利的处分，这是民事主体慎重处分自己的民事权益的表现，一旦形成意思自治的合同，就会产生相应的法律后果。从尊重双方意思自治角度来看，在不损害社会公共利益、不违背社会公德的情形下，民事主体在从事任何民事活动时，包括行使民事权利、履行民事义务、承担民事责任时，都应该遵循诚实信用原则，对于其约定的赔偿限额条款应该严格遵守。因此，在很多案例中，法院判决认定当事人合同中约定的责任限额条款有效。

2. 认定责任限额的约定无效

在司法实践中，法院通常基于以下两个理由，判决认定责任限额的约定无效。

（1）承运人故意或重大过失

《民法典》第五百零六条规定："合同中的下列免责条款无效：（一）造成对方人身损害的；（二）因故意或者重大过失造成对方财产损失的。"根据以上法律规定，守约方证明违约方履行合同过程中的违约情形属于上述情形的，赔偿限额条款作为免责条款会被人民法院认定无效，人民法院对守约方举证证明的实际损失予以支持。

（2）格式条款

虽然法院尊重合同意思自治原则，但物流企业在其运单、托运单、快递单上的限制赔偿责任条款是其为重复使用方便而预先印制的，故该条款本质上属于格式条款，有可能被法院认定为无效。在某电气有限公司诉某物流有限公司案①中，法院认为"系争托运单中约定'如货物不办理运输保险，货物损坏最多按当次运费的三倍赔偿'的条款属于格式条款和霸王条款，应属无效"。

然而司法实践中并非对所有的格式条款的效力都予以否定。根据《民法典》第四百九十六条和第四百九十七条的规定，认定格式条款无效的理由主要有：

①提供格式条款的一方未履行提示或者说明义务，致使对方没有注意或者理解与其有重大利害关系的条款。

关于格式条款的提示、说明义务，《最高人民法院关于适用〈中华人民共和国民法典〉合同编通则若干问题的解释》第十条规定："提供

---

① 本案系作者在工作实践中收集整理而来，仅供读者研究参考。

格式条款的一方在合同订立时采用通常足以引起对方注意的文字、符号、字体等明显标识，提示对方注意免除或者减轻其责任、排除或者限制对方权利等与对方有重大利害关系的异常条款的，人民法院可以认定其已经履行民法典第四百九十六条第二款规定的提示义务。提供格式条款的一方按照对方的要求，就与对方有重大利害关系的异常条款的概念、内容及其法律后果以书面或者口头形式向对方作出通常能够理解的解释说明的，人民法院可以认定其已经履行民法典第四百九十六条第二款规定的说明义务。提供格式条款的一方对其已经尽到提示义务或者说明义务承担举证责任。对于通过互联网等信息网络订立的电子合同，提供格式条款的一方仅以采取了设置勾选、弹窗等方式为由主张其已经履行提示义务或者说明义务的，人民法院不予支持，但是其举证符合前两款规定的除外。"

实践中，对于责任限制条款，承运人可以设置加粗、加下划线、斜体等易与其他文字相区别的字体或标识来提示托运人。此外，承运人还可以在托运单上设置托运人签名栏，要求托运人在托运单上签字，表明其知晓并接受了该条款，以此来证明承运人已经履行了提示、说明义务。在胡某与某速运有限公司服务合同纠纷案①中，陕西省高级人民法院认定，"涉案电子运单契约条款中责任限制条款采用红色加粗或红色字体，与其余黑色字体能够明显区分。可认定某速运有限公司已采取合理的方式提示合同相对方履行如实申报托寄物名称、价值等义务，并提示其对快件进行保价以及未保价快件按照 7 倍运费赔偿实际损失之限制

---

① 参见陕西省高级人民法院（2022）陕民申 1140 号民事裁定书，载中国裁判文书网，https://wenshu.court.gov.cn/website/wenshu/181107ANFZ0BXSK4/index.html? docId = 0Bjffb7IIMUW51TMn0fT1LoB6tgAF+nLHsh6hXOnbS5Avdeqd0n3YGI3IS1ZgB82UHV5zeO7SVQskxwhCsqaDq9wM5vncradmCKTcRnGYxY/AgzbsYGlfF7Tilji5dh3，最后访问时间：2024 年 3 月 4 日。

责任"。

②提供格式条款一方不合理地免除或者减轻其责任、加重对方责任、限制对方主要权利或者提供格式条款一方排除对方主要权利。

责任限制条款并非完全免除承运人的责任，只是在赔偿金额上减轻了承运人责任，如果这种减轻责任是双方可预见的，并且是意思表示一致的结果，那么不能当然地认为其是不合理地减轻了承运人的责任。此外，责任限制条款也并没有当然地加重托运人的义务，在货物运输合同中，托运人最主要的义务就是按时支付运费，而运输方式的选择、承运人的选择，甚至是运费支付方式都可以取决于其自身意愿。从这个角度来说，并非所有限制赔偿责任的格式条款当然无效，索赔人依据《民法典》第四百九十七条的规定主张无效的，需要提供相应的证据加以证明。

（二）以侵权为诉因，是否还适用合同中责任限制条款

前述讨论责任限制条款是否有效均设定在合同背景下，即当索赔人选择以违约为诉因起诉，此时责任限制条款效力如何。那么，如果索赔人以侵权为诉因提起诉讼，是否还适用合同中责任限制条款呢？对此，有以下两种观点：

反对观点认为：如果选择侵权诉因，是否构成侵权业已查清，侵权诉讼不受合同约束，承运人应按侵权法律规定进行赔偿。法律规定当事人可以选择合同或侵权，如果侵权诉讼又回到合同是不合理的。

赞同观点认为：虽然根据我国法律规定，当侵权和违约竞合时，权利人可以择一而诉，但相关法律对此仅作笼统规定，在选择侵权的情况下合同条款是否完全排除适用没有具体和明确的法律规定。从法理而言，平等自愿、公平合理和意思自治等基本原则不应被违背。合同中的

责任限制是承运人评估自身履约风险、判断交易价格的重要因素。该条款是商业合同中常见的，较为公平合理。且该条款如果已经由合同双方确认，再允许货方通过选择不同诉由来规避双方当事人自愿达成的协议，极大地加重了承运人责任，有悖于民法平等自愿、公平合理和意思自治的基本原则。因此，在合同当事人行为没有脱离合同正当履行范围时，另一方当事人无论是选择违约赔偿请求权还是侵权赔偿请求权提起诉讼，都应受到合同中有关赔偿条款的限制。

在东京海上日动火灾保险（中国）有限公司上海分公司诉新杰物流集团股份有限公司保险人代位求偿权纠纷案①中，法院认为，在法律并无明确规定的情况下，应当遵循自愿、公平、诚实信用的基本原则，合理平衡当事人的利益。对于同一损害，当事人双方既存在合同关系又存在侵权法律关系的，不能完全割裂两者的联系，既要保护一方在请求权上的选择权，也要保护另一方依法享有的抗辩权。在责任竞合的情况下，如果允许一方选择侵权赔偿，并基于该选择排除对方基于生效合同享有的抗辩权，则不仅会导致双方合同关系形同虚设，有违诚实信用原则，也会导致市场主体无法通过合同制度合理防范、处理正常的商业经营风险。因此，无论一方以何种请求权向对方主张合同明确约定的事项，均不能排除对方依据合同享有的抗辩权。该案被选定为《最高人民法院公报》案例。

五、多式联运合同

根据《民法典》第八百四十二条的规定，"货物的毁损、灭失发生

---

① 《最高人民法院公报》2019 年第 12 期。

于多式联运的某一运输区段的，多式联运经营人的赔偿责任和责任限额，适用调整该区段运输方式的有关法律规定；货物毁损、灭失发生的运输区段不能确定的，依照本章规定承担赔偿责任"。同时，《海商法》第一百零五条及第一百零六条规定，货物的灭失或者损坏发生于多式联运的某一运输区段的，多式联运经营人的赔偿责任和责任限额，适用调整该区段运输方式的有关法律规定。货物的灭失或者损坏发生的运输区段不能确定的，多式联运经营人应当依照《海商法》第四章关于承运人赔偿责任和责任限额的规定负赔偿责任。

综上所述，我国《民法典》《海商法》对多式联运经营人的责任限制采用"经修正的网状责任制"，具体总结如下表所示：

货损发生区段确定性	责任限额	
货损发生区段可确定	适用调整该区段运输方式的有关法律规定的责任限额	
货损发生区段不可确定	含国际海上运输	国际海上承运人的赔偿责任限额
	不含国际海上运输	不享有赔偿责任限额

第十一章

常见案件类型分析

本章导读

　　本章主要对常见案件类型进行分析，着重分析国际海上货物运输货运险追偿中常见的案件类型所存在的主要问题。之所以着重介绍国际海上货物运输案件，不仅因为这类案件数量多，案件类型十分丰富，可以从中总结出一定的规律，还因为国际海上货物运输行业长期以来已经形成一定的操作规范和流程，较其他运输方式更加"标准化"，可供参考。

一、货物短量案件分析

货物短量，是指货物在运输途中发生数量、重量的减少。货物短量多针对散货和件杂货等以数量和重量为计量单位的货物。货物短量看似是一个简单的事实问题，卸货港的货物数量对比装货港的货物数量即可证实货物是否短量。但在实践中，如何准确地确认装货港的货物数量、卸货港的货物数量，存在许多争议。

装货港货物数量通常以提单记载为准。依照《海商法》第七十一条的规定，提单是承运人保证据以交付货物的单证，承运人应当在提单上如实记载货物状况，并按照记载向提单持有人交付货物。因此，清洁提单记载的货物数量对托运人之外的第三人而言，属于证明装货港交付货物数量的最终证据。有时，承运人会主张其对货物的数量和重量不知情，即适用"不知条款"。然而，货物数量、重量通常不属于"不知条款"的适用范围。根据《全国法院涉外商事海事审判工作座谈会会议纪要》第五十七条的规定，承运人或代其签发提单的人，在签发已装船提单的情况下没有适当方法核对提单记载的，可以在提单上批注，说明无法核对。实践中，大副应在装货时进行记录并形成大副收据，并据以形成、签发提单。因此，通常而言，货物数量、重量并不属于承运人没有适当方式核对的信息。

卸货港货物数量应以何为准呢？实践中，货物的种类千千万万，而且涉及不同的交易习惯、计量方法、计量单位等，现将常见货物分为液体散货、固体散货、件杂货，来分析一下常见计量方式和短量纠纷的问题。

（一）液体散货

1. 计量方法

卸货港货物数量的计重方式相对复杂。根据《进出口商品数量重量检验鉴定管理办法》第十一条的规定，进出口商品的计重方式包括衡器鉴重、水尺计重、容器计重、流量计重等。而且，在特定情况下，需同时申报不同的计重方式。

同时，计重方式作为一种技术，其结论具有盖然性，而不具有自然科学的严密性与精确性，其误差是客观存在的，即使经过合理修正，其结论仍有误差。[①] 因此，应以何种计重方式确定卸货港货物数量、重量是货物短量案件的首义。

计重方式与承运人的责任期间紧密相关。如前章述及，承运人对于固体散货和件杂货的责任期间为"装上船到卸下船"，对于液体散货的责任期间为"法兰到法兰"。如计重发生在承运人责任期间之外的，承运人不应依据该结果承担货物短量的赔偿责任。

同时，计重方式也与货物保险人的保险期间紧密相关。在常见的海洋运输货物保险条款或协会货物保险条款中，保险人的保险期间为"仓到仓"，即应以货物运抵岸罐或其他最终目的地的数量、重量为准，在保险期间终点采取的计重方式应当约束保险人，但承运人的责任期间已经先行终止。换言之，虽货运险保险人与承运人均应承担运输期间发生的风险，但承运人和保险人责任期间不同，二者的赔偿责任确有不同。

与固体散货物不同，液体散货通过容器计重的方式计算货物重量。

---

① 王淑梅：《在全国海事审判实务座谈会上的总结讲话》，载叶柳东主编：《中国海事审判（2016）》，大连海事大学出版社2019年版，第8页。

容器计重，包括船舱计重、岸罐计重、槽罐计重等方式，进出口环节较为常见的为前两种。其中，船舱计重，是指以船舶液货计量舱作为计量容器的容量计重，即以空距报告、干舱证书为依据计算货物重量。然而，此种计量方式需综合货物的温度、深度、密度以及船舱的舱容等诸多因素，数据可能存在较大误差。特别是货物密度的问题，在船进行空距检验时，往往无法准确核定卸货港货物密度，而仅可用装货港货物的密度进行初步计算。

岸罐计重，是指以经过国家合法的计量检定部门检定合格的罐式容器（船舱除外）为工具，对其盛装的散装液体商品或者液化气体商品进行的数量、重量的检验鉴定（包括测量、计算）。一般来说，岸罐的计量条件比船舱好，货物密度也是实验室检测，岸罐计重相对准确。

关于液体散货，计量依据争议集中在船舱计重与岸罐计重的问题上。针对此问题，《最高人民法院关于南京石油运输有限公司与华泰财产保险股份有限公司石家庄分公司海上货运运输保险代位求偿一案有关适用法律问题的请示的复函》明确了相关规则。在收货人未能提供有效证据证明货物短少发生在承运人责任期间的情况下，承运人提供的船舶干舱证书、空距报告，具有证明散装液体货物交货数量的效力。收货人提供的岸罐重量检验证书，除非经承运人同意，否则不具有证明散装液体货物交货数量的效力。

例如，在某财产保险公司与某公司海上、通海水域货物运输合同纠纷①中，最高人民法院重申，"就散装液体货物而言，保险人除非有证据

① 参见最高人民法院（2019）最高法民再 367 号民事判决书，载中国裁判文书网，https：//wenshu. court. gov. cn/website/wenshu/181107ANFZ0BXSK4/index. html? docId=mjsWGn5yKlRM7FNvVj4HsKO/mPJSchkaQGwtL7oBdflPS49sgI3bl/UKq3u+IEo4A7lFFFfxysq/E71ga656JU8+R21ljlg6gRhdhnyPq95s+qIqeeGfKUzKrG2MoJybR，最后访问时间：2024 年 2 月 29 日。

证明船舶《空距报告》本身存在问题，否则应当根据《空距报告》确定承运人交货的数量"。

再如，在某财产保险公司与某船东公司海上货物运输合同纠纷案①、某财产保险公司与某有限公司海上货物运输合同纠纷案②、某财产保险公司与某有限公司海上货物运输合同纠纷案③中，各地法院均依据该规则作出裁判。

2. 密度数据引起的"短量"

事实上，无论是岸罐计重还是船舱计重，都属于容器计重。容器计重需要测量货物的深度和温度。简单来说，液体物体的重量等于体积乘以密度。但实际计算过程很复杂，这导致非专业人士无法发现其中存在的问题。在笔者团队参与处理的某财产保险公司代位求偿案④中，装货港货物数量（即提单数量）以检验公司在装货港岸罐测量数据结合发货人提供的货物密度表计算得出；而卸货港货物数量由商检部门对卸货前后船舱测量数据结合商检部门实验室测得 20℃ 的货物密度计算得出。承运人抗辩称装、卸港采用了不同的密度计算方法造成差异，如果按照卸货港船舱计量报告和装货港密度表计算，船舶在卸货港的到港数量与提

---

① 参见最高人民法院（2016）最高法民申 45 号民事裁定书，载中国裁判文书网，https：//wenshu. court. gov. cn/website/wenshu/181107ANFZ0BXSK4/index. html？docId＝PAToVzfjJQMW/JneLeIZB2FpSTZJEUWGZ+wa94QhsxCVZNCBS3bT1fUKq3u+IEo4Jr3CPez96liVUtoVNbAhra9wM5vncradmCKTcRnGYxYIXMegIaQ4tUpSjOyNyHh9，最后访问时间：2024 年 3 月 7 日。

② 参见大连海事法院（2017）辽 72 民初 107 号民事判决书，载中国裁判文书网，https：//wenshu. court. gov. cn/website/wenshu/181107ANFZ0BXSK4/index. html？docId＝BhS21xK8lCVkOJAusyv8bs5Pu7NSP9GNzqNA2cE8kHxJvt+INcKy0PUKq3u+IEo4Jr3CPez96liVUtoVNbAhra9wM5vncradmCKTcRnGYxYIXMegIaQ4tSiQMCyb4uy8，最后访问时间：2024 年 3 月 7 日。

③ 参见广州海事法院（2012）广海法初字第 212 号民事判决书，载中国裁判文书网，https：//wenshu. court. gov. cn/website/wenshu/181107ANFZ0BXSK4/index. html？docId＝OOqpMK6es43MRBcechlSywmzGaeUf+UrkfJWY783MP9bWNWtSR6xwvUKq3u+IEo4Jr3CPez96liVUtoVNbAhra9wM5vncradmCKTcRnGYxYIXMegIaQ4tRo72OEdwa3+，最后访问时间：2024 年 3 月 7 日。

④ 本案系作者团队参与处理。

单数量相比没有任何短量，且比提单数量多 1.264 公吨。该案经过一审和二审，法院最终认定"货物并未发生实际短少"。

上述案件是一个典型的因密度数据引用导致的计重结果差异的案件。事实上，密度数据引起的短量不只上述案件，还有真空中密度和空气中密度差异导致的计重结果差异问题、根据温度修正密度时导致的差异问题等。由于检验公司在出具重量报告时，往往仅提供部分数据，甚至只有计重结果，密度数据引起的问题很难被发现。建议保险人在理赔过程中尽量收集海关或者检验公司全部的计算过程和依据文件，以便及时发现问题。

3. 合理损耗、计量允差

在液体散货短量案件中，承运人通常主张自己对于 5‰ 以内的短量不承担赔偿责任，或者当短量超过 5‰ 时，主张自己仅对超出部分承担赔偿责任。

液体散货属于大宗散货，《全国法院涉外商事海事审判工作座谈会会议纪要》第五十六条规定，"根据航运实践和航运惯例，大宗散装货物运输过程中，因自然损耗、装卸过程中的散落残漏以及水尺计重等的计量允差等原因，往往会造成合理范围内的短少。如果卸货后货物出现短少，承运人主张免责并举证证明该短少属于合理损耗、计量允差以及相关行业标准或惯例的，人民法院原则上应当予以支持，除非有证据证明承运人对货物短少有不能免责的过失；如果卸货后货物短少超出相关行业标准或惯例，承运人又不能举证区分合理因素与不合理因素各自造成的损失，请求人要求承运人承担全部货物短少赔偿责任的，人民法院原则上应当予以支持"。

根据上述会议纪要的指引，承运人需要证明该短少属于合理损耗、计量允差以及相关行业标准或惯例。事实上，根据各种货物的特性，承运人举证责任并不轻松，但是其中计量允差或许相对来说举证较为容易。比如，2022 年 1 月 1 日，海关总署更新实施《进出口商品容量计重规程第 17 部分：船舱静态计重通则》（SN/T2389.17-2021），规定了进出口液体商品及液化气的船舱静态计重的通用方法、程序和要求。根据其第 4.2.1 条的规定，检定证书中船舱标称容量的相对误差应当不超过 0.3%，或在不能用容量比较法检定的非规则舱，为标称容量的+/-0.5%。而货物体积误差则分别为 0.5%或 0.8%。

（二）固体散货

1. 计量方法

关于固体散货，计量依据争议集中在水尺计重与岸磅计重的问题上。货物利益方往往依照岸磅计重的海关重量证书，向承运人索赔短量损失。但承运人对此通常抗辩称岸磅的计量数据是货物越过船舷后进行的称重，已经超出承运人的责任期间，其不应受相应证据的约束。目前的裁判规则中，法院倾向于支持此类抗辩，并对于此类货物在卸货港的计重以水尺计重为原则，以岸磅计重为辅助。

在某财产保险公司与某海运有限公司海上、通海水域货物运输合同纠纷案①中，保险人主张以岸磅数量作为卸货港货物数量的计量依据。但天津市高级人民法院认为，岸磅称重时涉案货物已卸下船进入港区，脱离了承运人的掌管，承运人亦不认可岸磅重量为涉案货物卸下船时的重量，且不能排除涉案货物在卸下船后因其他原因发生短量的可能。因

---

① 参见天津市高级人民法院（2016）津民终 184 号民事判决书，载中国裁判文书网，https://wenshu.court.gov.cn/website/wenshu/181107ANFZ0BXSK4/index.html? docId=JfzQF7Z4/9cw26kI2knokNijtiXD0Q/oY97B8Qx6+EQGjLg0CCYr5fUKq3u+IE04Jr3CPez96liVUtoVNbAhra9wM5vncradmCKTcRnGYxVVW9nzl6R0jQD1Yjay58k，最后访问时间：2024 年 4 月 11 日。

此，法院依照承运人提供的水尺计重数据认定货物未发生短量。

在某农产品有限公司与某航运有限公司海上、通海水域货物运输合同纠纷案①中，厦门海事法院认为，货物在卸下船舶后已经不属于承运人责任期间，承运人仅需就水尺计量数比提单载货数短少的 33.301 吨承担短量损失。

但是，如能够证明涉案货物自越过船舷至地磅称重过程中，不存在其他的、非承运人控制的事由导致货物短少的可能，法院或采信岸磅计重。例如，在某有限公司与某财产保险公司海上、通海水域货物运输合同纠纷案②中，涉案货物的衡器称重均是在卸船后即刻进行的，出口检验检疫局及承运人委托的检验人参与岸磅计重。结合各衡重记录、检验报告，法院认为，承运人没有提出合理理由或有效证据证明涉案货物自越过船舷至地磅称重过程中，存在其他的、非承运人控制的事由导致货物短少的可能，故以岸磅计量结果作为判断货物是否短量的依据。

对于固体散货，最高人民法院目前并没有如液体散货短量案件一般公布明确的司法解释或者指导意见，因此，以水尺检验还是岸磅检验为准的问题一时没有确定的答案。但是，参考《最高人民法院关于南京石油运输有限公司与华泰财产保险股份有限公司石家庄分公司海上货运运输保险代位求偿一案有关适用法律问题的请示的复函》，岸磅计重结果在追偿时可能有败诉的风险。

---

① 参见厦门海事法院（2016）闽72民初908号民事判决书，载中国裁判文书网，https：// wenshu. court. gov. cn/website/wenshu/181107ANFZ0BXSK4/index. html? docId = aiiSJMJpIABovCKsFx-cLdGB88yBlbvVx9dFf6My9Jez8JqcH5MOi3WI3IS1ZgB82UHV5zeO7SVQskxwhCsqaDq9wM5vncradmCKTcRn GYxZa0pZY5RROGZ2ImqcDDKo6，最后访问时间：2024年3月4日。

② 参见天津市高级人民法院（2017）津民终130号民事判决书，载中国裁判文书网，https：// wenshu. court. gov. cn/website/wenshu/181107ANFZ0BXSK4/index. html? docId=FWAurA1NokEzD W4EzpXUFARKjVvKFKqy6DSB8dXmFjTKRt6C+bfcXWI3IS1ZgB82UHV5zeO7SVQskxwhCsqaDq9wM 5vncradmCKTcRnGYxZa0pZY5RROGT09VL/cmGm7，最后访问时间：2024年3月4日。

2. 水分减少导致的"短量"

散货在运输过程中可能由于水分的析出,导致毛重减少。这种情况经常发生在水分较大的矿产类货物(铁矿石、硫磺、石油焦等)以及粮食类货物(玉米、大豆等)。

铁矿石、硫磺、石油焦等货物在装船时含水量较高,在长途航行过程中,这些水分可能会逐渐析出,从船舶污水井进入污水舱。船员在航行过程中,会对污水舱进行测量,以便掌握污水的数量,必要时将污水排出船舶。船员在目的港有时会将污水排放记录提供给收货人或其指定的检验人员。但是检验人员在计量卸货重量的时候不会考虑这些在航程中排出的水,因而货物从表面上看发生了"短量"。面临这类短量,承运人会以航程中排水作为抗辩依据,并提供航海日志、污水排放记录等证据材料加以证明。众所周知,航海日志、污水排放记录都是由船员单方记录的材料,在诉讼时难免遭到货方的抗辩,认为其真实性难以保证。然而,经过长期的司法实践,法院已经越来越多地采信这类材料,反映在短量案件中,即法院依据航海日志和污水排放记录等材料认定水分析出的事实并支持承运人免除责任。比如,在某财产保险公司与某海运公司海上货物运输合同纠纷案①中,法院最终认为涉案货物属于含有水分的粉铁矿,在航程中析出水分属于正常现象,承运人为确保航行安全,在运输过程中应对污水井进行抽水。承运人在原审中提交了经过公证的船长发送的电子邮件及排水日志附件,以及经过公证认证的加盖船章的排水日志打印件,证明涉案航次从货物中排出的舱底水总量为

---

① 参见上海市高级人民法院(2014)沪高民四(海)终字第137号民事判决书,载中国裁判文书网,https://wenshu.court.gov.cn/website/wenshu/181107ANFZ0BXSK4/index.html?docId = h7gy3em4cb9Lf6Ak25tZucITMlSkxSfmB4 + KpxXZOi6XnVzvqD0vnpO3qNaLMqsJ0h63aAnY/UPACHKBoXOd7q9wM5vncradmCKTcRnGYxbh656aLXNnmHKMRCW0CjLY,最后访问时间:2024年3月4日。

1753.20吨。原审法院依法采信这些形成于运输过程中的电子邮件和书证，于法无悖。根据涉案货物装卸两港水尺计重的数据，结合涉案航次的排水总量，并综合考虑了水尺计量的合理误差后，原审法院作出货物湿吨重量在运输过程中没有发生短少的认定，依据充分，并无不当。

在某财产保险公司与某散货运输有限公司保险代位求偿权纠纷案①中，广西壮族自治区高级人民法院认为由于喷水作业是大宗散装硫磺装卸中公认的客观事实，在案涉航次运输中，货舱有沉降的舱底水排出是客观合理的，对于该部分排出的水量应当扣减。承运人提供的《舱底水排放记录表》主张排水401.37公吨，该加盖船章的书面结论，于到岸时已公示，故，全船货物短量应扣减上述排水量。

在某工贸有限公司与某航运公司等海上货物运输合同纠纷案②中，北海海事法院认为，因案涉货物石油焦属扬尘货物，且自身温度较高，为防止自燃在装卸过程中需进行洒水作业。在运输过程中，货物中的水分不断析出，沉降于货舱底部，并以舱底水的形式向外排出。根据承运船舶《船舶污水排放日志》记载，该轮船在案涉运输过程中排出污水2389.15吨，该日志作为加盖该轮船章的合法文件，在该轮船到达防城港后即提交给中国检验认证集团广西有限公司，且该公司已明确说明在进行卸货水尺计重检验时未对该轮船的排污水重量予以考虑。因此，法院认为案涉货物到达防城港后的水尺计重应当考虑航行过程中货物水分析出的因素。承运船舶排污水重量与案涉货物在装卸两港水尺计重差额

---

① 参见广西壮族自治区高级人民法院（2011）桂民四终字第39号民事判决书，载中国裁判文书网，https://wenshu.court.gov.cn/website/wenshu/181107ANFZ0BXSK4/index.html? docId=huIWvFi20HddsTxGovFxvmIXJovzlpo3sGbhUoIUMDD6NaZqpNo5qZO3qNaLMqsJ0h63aAnY/UP-ACHKBoXOd7q9wM5vncradmCKTcRnGYxbh656aLXNnmDsSdgQ63p93，最后访问时间：2024年3月4日。

② 本案系作者在工作实践中收集整理而来，仅供读者研究参考。

相当，原告未能举证证明除舱底水排放因素导致货物水尺计重的减少之外仍存在货物短量的事实，可以认定案涉货物到港后的水尺重量减少系由于货物水分的析出，并非货物本身短少。

在上述货物短量案件中，法院采信污水排放记录从而认定承运人免除赔偿责任的一个前提是货物在装货港的含水量数据被否定。事实上，铁矿石、硫磺、石油焦这类含水量较高的货物在装货港都会进行水分检验，并且检验结果会反映在品质证书等文件中。理论上讲，将装货港的含水量和卸货港的含水量进行对比，很容易就计算出因水分析出而导致的重量流失。但是，由于各种原因，上述案件中货物在装货港的含水量数据被法院否定了。比如，在上述某财产保险公司与某海运公司海上货物运输合同纠纷案①以及某保险公司与某航运公司等海上货物运输合同纠纷案②中，法院认为，货物品质在与运输相关的情况下，才属承运人需要关注的范畴。承运人仅需确认货物含水量低于极限数值，而对于该证书中所载的含水量是否准确，承运人既无义务，也无条件做详细检测，因此，装货港的品质证书记载的含水量对承运人无约束力。而且，即便承运人在装货港收到《水分含量和适运水分极限证书》，也不能视为承运人对该证书上载明数据的确认。究其深层原因，这些案件中水分检验本身就受到质疑，比如，是否由有资质的独立检验机构进行取样检

---

① 参见上海市高级人民法院（2014）沪高民四（海）终字第137号民事判决书，载中国裁判文书网，https：//wenshu. court. gov. cn/website/wenshu/181107ANFZ0BXSK4/index. html？docId = h7gy3em4cb9Lf6Ak25tZucITMlSkxSfmB4 + KpxXZOi6XnVzvqD0vnpO3qNaLMqsJ0h63aAnY/UPACHKBoXOd7q9wM5vncradmCKTcRnGYxbh656aLXNnmHKMRCW0CjLY，最后访问时间：2024 年 3 月 4 日。

② 参见上海市高级人民法院（2019）沪民终174号民事判决书，载中国裁判文书网，https：//wenshu. court. gov. cn/website/wenshu/181107ANFZ0BXSK4/index. html？docId＝cZlG7xJ9KTxqr0GqNlQvav3U/RC6icYiT6/sm3eKJdaX3LcKHwPwXpO3qNaLMqsJ0h63aAnY/UPACHKBoXOd7q9wM5vncradmCKTcRnGYxbh656aLXNnmPDPg5S+2/rI，最后访问时间：2024 年 3 月 4 日。

验、取样时间是否在装船当时、取样是在码头堆场还是在船舱内、取样之后是否有可能进行喷水等不确定因素。

与上述矿产类货物相似，粮食类货物的水分也会在运输途中有所流失，只不过不是通过污水井。因此，也应关注装卸两港货物的水分变化。在某有限公司与某航运公司海上货物运输合同纠纷案①中，原告索赔大豆短量损失。被告某航运公司主张依据《海商法》第五十一条第一款第九项的规定，承运人对于因货物自然特性或者固有缺陷造成的灭失或损失免除赔偿责任。被告认为，涉案货物具有因其自然特性或者固有缺陷如水分蒸发等原因导致货物在航程中发生短重的可能，被告对此不承担赔偿责任。为此，被告申请法院责令原告提供涉案货物在装货港和卸货港的品质证书。原告以被告申请时其不持有上述证书为由，未向法庭提交。广州海事法院认为，"原告提供的证据表明原告是通过向银行申请开立信用证的方式向货物的卖方 C×× 公司支付货款，根据原告与 C×× 公司合同的约定，C×× 公司应向开证行提交货物在装港的品质证书。原告已经通过银行付款赎单，故其应持有该份证据。根据《中华人民共和国进出口商品检验法》和《商检机构实施的进出口商品种类表》的规定，进口大豆必须经过商检机构或者国家商检部门、商检机构指定的检验机构检验。原告作为涉案货物的收货人，应当在商检机构规定的地点和期限内，接受商检机构对涉案货物的检验，因此，原告应当持有涉案货物在卸货港的品质证书。根据最高人民法院《关于民事诉讼证据的若干规定》第七十五条'有证据证明一方当事人持有证据无正当理由拒不提供，如果对方当事人主张该证据的内容不利于证据持有人，可以推定该主张成立'的规定，上述两份证据涉及涉案货物在运输过程中的水分

① 本案系作者在工作实践中收集整理而来，仅供读者研究参考。

含量是否发生变化，从而影响到涉案货物的计重，原告无正当理由拒不向法庭提交上述证据，因此被告主张货物发生短重是由于货物的自然特性或者固有缺陷所致这一不利于原告的主张成立，被告可以免除赔偿责任，原告关于被告赔偿其货物短重损失的诉讼请求应予以驳回"。

综上，货物在运输途中因水分析出、呼吸作用等原因导致重量变化是船货双方均知悉、可预见的必然结果。法院因此支持承运人基于货物的自然特性或者固有缺陷的免责抗辩，并无不妥。然而，为确定货物重量变化的合理程度，并均衡运输风险、贸易风险，货方应注意协调船货进行联合检验，必要时以卸货港检验鉴定机构出具的检验证书作为国际贸易合同的结算依据，并尽量向船方收集货船结构安全证书、船设备安全证书、符合证明、安全管理证书、舱口盖检验证书、装港停泊日志、装运作业期间气象报告、装港事实记录、舱底污水记录、航海日志等材料。

3. 合理损耗、计量允差

各类计量技术不具有自然科学的严密性和精确性，无论是水尺计重还是岸磅计重，都难以避免计量误差。反映在司法实践中，法院允许承运人在大宗散装货物出现货物短量时援引计重允差的抗辩。如前所述，根据《全国法院涉外商事海事审判工作座谈会会议纪要》第五十五条的规定，承运人需要证明该短少属于合理损耗、计量允差以及相关行业标准或惯例。

在某有限公司与某船务有限公司海上货物运输合同纠纷案①中，南

---

① 参见南京海事法院（2020）苏72民初35号民事判决书，载中国裁判文书网，https：//wenshu. court. gov. cn/website/wenshu/181107ANFZ0BXSK4/index. html？docId=uAs45pMi7XWZ99Kp4GfKRigUDyVu9SZq4QWyBnc8ZUsdpH1yi8rrkJO3qNaLMqsJ0h63aAnY/UPACHKBoXOd7q9wM5vncradmCKTcRnGYxZTwgN7komVCJtkW5oBc1rt，最后访问时间：2024年3月4日。

京海事法院认为：第一，案涉货物为散装玉米，类似的大宗散货因在运输过程中的自然损耗、装卸过程中的散落残漏以及计量误差，都可能导致卸货港货物重量与提单记载不符而出现短少。认定承运人对其责任期间货物短少的赔偿责任，要在严格依法的同时，充分考虑航运实践，尊重行业惯例，只要承运人已经尽到谨慎管货的义务，对于因合理损耗、计量允差造成的货物短少，承运人可以免责。第二，按照我国进出口商品检验行业标准《进出口商品重量鉴定规程第 2 部分：水尺计重》，水尺计重可以存在 5‰ 的计量允差（合理误差）。如果卸货后货物短少在 5‰ 以内，可以认定为由于自然损耗、计量允差等因素造成合理范围内的短量，除非有相反证据证明承运人有过失，则承运人原则上对该短少损失不负责赔偿。如果货物短少超过 5‰，则货物短量已不合理，除非承运人证明部分短量系由于合理原因造成的，否则承运人应当对全部短少承担赔偿责任。

上述判决反映了目前主要的审判观点：

其一，允许承运人提出计量允差的免责抗辩的前提是承运人已尽到谨慎管货等义务。

其二，货物短少超过常见的计量允差，可以初步说明运输中存在不合理因素导致短少。如果承运人不能举证区分合理因素与不合理因素各自造成的损失，则应当由其承担举证不能的不利后果。

其三，2022 年 1 月 1 日，海关总署更新实施《进出口商品重量鉴定规程第 2 部分：水尺计重》（SN/T 3023.2-2021），规定了水尺计重的要求、程序和方法。根据该规程第 4 条的规定，"如果船舶制表的相对误差在 0.1% 之内，其水尺计重的相对误差可达到 0.5% 之内"。根据前述标准，司法实践中大多认可水尺计重合理的允差范围为 0.5%。

(三) 原木短少

原木是一类比较特殊的货物，它的计量方法既有根数，也有材积数。其中材积是木材的体积，单位有立方米、千板尺（MBF）等。计量材积需要对树干进行测量，对于不同种类的树木和不同地区的树木，可能需要使用不同的计算公式，需要专业人士参照适用的标准进行计算。对于原木这种商品，材积反映了原木的商业价值，因此，贸易合同和商业发票上通常以立方米或者千板尺作为原木单价的计价单位。而原木运输提单上，很多都同时记载原木的根数和材积数，但承运人通常又会在提单上批注不知条款，如"船东对提单中所述货物根数与数量不承担责任"等。一旦发生原木短少的情况，如仅有根数短少，或者仅有千板尺数短少，又或者两者都短少，那么承运人是否要承担赔偿责任呢？

在某财产保险公司与某株式会社等海上货物运输合同纠纷案①中，卸货港理货报告记载原木卸船时短少 720 根，但是并未出具材积检验报告。上海市高级人民法院在判决中认为"涉案货物为散货原木，总根数接近 3 万根，相互间在直径、长度等方面也存在差异，其间可能还存在断裂、残损等情形，承运人亦非专业理货机构，要求其对装船原木根数与千板尺数量进行清点与测算并不合理，再加上托运人亦未提供装港理货报告以便承运人对托运人申报原木根数与千板尺数量进行核对，因此承运人在提单上批注'SAID TO BE SAID TO CONTAIN'（据称）应为有效并对提单持有人产生约束力"。而该案贸易合同与报关单等证据无

① 参见上海市高级人民法院（2014）沪高民四（海）终字第 148 号民事判决书，载中国裁判文书网，https://wenshu.court.gov.cn/website/wenshu/181107ANFZ0BXSK4/index.html?docId = MXtzvRL2B4MfXf9k6bHkiors16gJQBDz2VqiuB3NdZ7JCuk4/sPPVZO3qNaLMqsJ0h63aAnY/UPACHKBoXOd7q9wM5vncradmCKTcRnGYxYY0gbRLKwRhIS7RGssqdCz，最后访问时间：2024 年 3 月 4 日。

一体现涉案原木根数与货款金额之间的关系，"难以成为计算货款金额或者损失金额的计量基础"，最终法院认定"本案中，承运人并未有适当方法核对涉案原木根数或千板尺数量，无须对提单记载原木根数与千板尺数量负责"。

而在某进出口有限公司与某股份有限公司原木短少索赔案[1]中，原木的根数和材积都发生短量。青岛海事法院认为，"根据《中华人民共和国海商法》第七十五条的规定，对提单记载的货物数量，承运人在没有适当方法核对的情况下才能在提单上作出无法核对的不知条款。涉案货物为件杂货，提单上记载了原木数量，被告未能提出有效证据证明其对货物数量确实无法核对，对被告关于提单记载的货物数量是由托运人提供，被告不知情的主张，本院不予支持。同时，提单右下方的不知条款，是康金1994版本提单的格式条款，该预先存在于提单上的格式条款不能排除提单明确记载的货物数量的效力"。当分析以根数短量来计算损失还是以材积短量来计算时，青岛海事法院认为，"关于原告损失的计算，涉案提单上同时记载了货物的件数和体积两种计量单位。根据中国外轮理货总公司的理货记录，货物短少数量为2302根，根据中华人民共和国日照出入境检验检疫局出具的CIQ检验证书，货物短少数量为440.490千板尺。本案货物为件杂货，相对于体积这一计量单位而言，按件数交接的便捷性和可操作性更强，按件数交接也是件杂货运输实务中惯常和普遍的做法。对本案货物短少的数量，本院确认以根数为计算标准，短少数量为2302根"。

---

[1] 参见青岛海事法院（2015）青海法海商初字第1号民事判决书，载中国裁判文书网，https://wenshu.court.gov.cn/website/wenshu/181107ANFZ0BXSK4/index.html？docId=XrzmsJGhMXwBVT7NYxAnHzBWU3CUQxtRr219kjVvHwHjwvFh/m5f7ZO3qNaLMqsJ0h63aAnY/UPACHKBoXOd7q9wM5vncradmCKTcRnGYxb9S8uqtnv8+SSatMARraH1，最后访问时间：2024年3月4日。

　　在某财产保险公司与某船务有限公司等原木短少索赔案①中，原木的根数和材积都发生短量。湖北省高级人民法院最终认为，"《海商法》第七十五条规定，承运人在签发已装船提单的情况下怀疑与已装船的货物不符，或者没有适当的方法核对提单记载的，可以在提单上批注，说明不符之处、怀疑的根据或者说明无法核对。该条对'说明无法核对'的批注设定的前提条件是'没有适当的方法核对提单记载'，且该条给承运人施加了一个潜在的核对货物的义务。而案涉'不知条款'表明承运人并未核对货物，遑论说明无法核对的理由，故该条款不满足上述第七十五条的规定，不构成有效的批注。依《海商法》第七十七条之规定，案涉提单应视为承运人已经按照提单所载状况收到货物或者货物已经装船的初步证据，现某船务有限公司仅以'不知'作为抗辩，不具有我国《海商法》上的依据，本院不予支持"。当分析以根数短量还是以材积短量来计算损失时，湖北省高级人民法院同意武汉海事法院一审的认定，即"案涉提单虽同时记载有原木根数与体积，但案涉商业发票及海关进口货物报关单均是以体积作为案涉原木的唯一计价单位。案涉原木总根数有7万多根，原木直径、长度等方面存在差异，且可能存在断裂、残损等情形，因此，以每根原木的平均价计算短少原木的损失金额不具有合理性"。

　　对于原木短少案件，因个案存在差异，法院对法律的适用也存在差异。

---

　　① 参见湖北省高级人民法院（2016）鄂民终861号民事判决书，载中国裁判文书网，https：//wenshu. court. gov. cn/website/wenshu/181107ANFZ0BXSK4/index. html？docId=g/c5+2sulEznEoJL3LR2z6cAqGDRQq2rULSJUwSDDhOzLysRjVhZNpO3qNaLMqsJ0h63aAnY/UPACHKBoXOd7q9wM5vncradmCKTcRnGYxan6rIs+/DHSX1v6ok3Z66N，最后访问时间：2024年3月4日。

二、集装箱货损案件分析

集装箱运输是当前货物运输的主流方式。集装箱具有将货物运输单位化、标准化的优势，有效提高货物运输效率、降低运输风险及运输成本。鉴于集装箱货物运输基数较大，尽管运输风险发生比例降低，但仍有不少集装箱货物在运输途中发生损坏、灭失，产生向承运人索赔的问题。

（一）整箱货

1. 托运人负责集装箱内货物的计数、积载、系固等

（1）货物短缺

最高人民法院民事审判第四庭编写的《涉外商事海事审判实务问题解答（一）》第 146 个问题是："对托运人负责装箱的集装箱货物发生短缺的，承运人是否应承担责任？答：由托运人负责装箱的货物，从装箱托运后至交付收货人之前的期间内，如箱体和封志完好，收货人以承运人交付的货物短缺向承运人索赔的，承运人不承担赔偿责任；如箱体损坏或者封志破坏，箱内货物短缺，承运人应当承担赔偿责任，除非其能证明具有法律规定的免责的情节。"[①] 前述观点目前仍然是主流，但是也有不同的声音。不同观点认为，整箱货的重量可以通过过磅的方式获知，因此承运人主张对于集装箱内的货物重量"不知"不应被支持。事实上，目前根据《SOLAS 公约》的要求，托运人有提供 VGM（Verified

---

① 《整箱交接的集装箱货物重量短少责任研究》，载上海海事法院网站，https://www.shhsfy.gov.cn/hsfyytwx/hsfyytwx/spdy1358/dycg1505/2019/05/09/2c9380996a4b7968016a9be5677f42b6.html? tm=1691570742161，最后访问时间：2024 年 5 月 10 日。

Gross Mass，即核实的集装箱总重）的义务，但是船公司和码头没有核实 VGM 数据准确性的义务，各港口海事管理局有权对 VGM 进行抽查。因此，如果集装箱箱体和铅封均完好，而收货人发现货物短缺，承运人是否承担赔偿责任应当考虑以下因素：①承运人在提单上是否批注"不知条款"；②在装货港承运人是否有合适的方法对货物信息进行核实；③承运人是否有其他过错行为。

（2）货物损坏

对整箱货而言，集装箱内货物的积载和系固是由托运人或其货运代理人或其他受托人来进行的，因此，承运人对于集装箱内货物的积载和系固不当导致的货损不承担赔偿责任。比如，在某进出口有限公司与某集装箱运输有限公司、某海运有限公司海上、通海水域货物运输合同纠纷案①中，某进出口有限公司出口整箱货到我国台湾地区，我国台湾地区海关在开箱检验时发现集装箱内货物侧翻并遭受严重损坏，某进出口有限公司认为某集装箱运输有限公司、某海运有限公司应承担赔偿责任。浙江省高级人民法院认为，就货损原因来说，某进出口有限公司一审期间作为证据提交的检验报告认为货损可能是由于不适当的固定方式引起的；其提供的货物进口与退运的包装照片显示，退运时的包装木箱与进口时的包装木箱相比较为疏松；而《出境货物木质包装除害处理合格凭证》只能证明包装材料经过除害处理，不足以证明包装足够稳固。某集装箱运输有限公司、某海运有限公司作为承运人提交的证据显示，涉案集装箱完好，在运输过程中未发生异常情况。一审判决综合考量双方提交的证据材料，根据民事证据的高度盖然性证明标准，最终认定案涉货损系由货物包装不良所致并无不当。二审最终维持一审判决。可

---

① 本案系作者在工作实践中收集整理而来，仅供读者研究参考。

见，对于整箱货交接的类似案件，承运人抗辩的举证责任仅是集装箱交付时外表完好，而货方索赔则需要进一步举证证明货损是由承运人导致。

如果整箱货交付时，集装箱外观存在破损，那么通常判断集装箱在运输途中遭到了外力作用，但有时这种力量也可能来自集装箱的内部，因此要具体分析。在某贸易有限公司与某航运公司等海上货物运输合同纠纷案①中，装有钢卷的集装箱在码头受损。某航运公司认为，"涉案货物运输为整箱货运输，原告作为货方负责装箱、绑扎和固定，并运至装港堆场。从原告提交的照片来看，对于重达二十几吨的货物，原告仅仅用了几条细绳绑扎固定，没有尽到妥善绑扎固定货物的义务，导致事故发生，应自行承担货物损失的责任"。但是法院查明，另一被告在事故发生后曾委托技术公司调查，技术公司"确认受损集装箱左侧面板整体凸起，前侧面板整体凸起，不锈钢卷板货物有所破损，轴心被发现有刮痕和弯曲，集装箱装运时，货物绑扎和加固工作并无不妥，所有的绑扎都很合适并且已适当加固，货物损坏是由于码头操作不当所致"。因此法院判决承运人对货损承担赔偿责任。

2. 承运人提供适货集装箱的义务

在海上货物运输实践中，按照集装箱配备情况，存在自备箱（Shipper Owned Container, SOC）以及船东箱（Carrier Owned Container, COC）的区分。如使用船东箱，则承运人应当对所提供的集装箱承担适货义务。

根据《全国法院涉外商事海事审判工作座谈会会议纪要》第五十三

---

① 参见广州海事法院（2012）广海法初字第 521 号民事判决书，载中国裁判文书网，https：//wenshu.court.gov.cn/website/wenshu/181107ANFZ0BXSK4/index.html? docId=QsLWgpsZt6SZoXNlT/4mlyh5l9T0yk0vdewAv6PE6V+pizMPE2gSpvUKq3u+IEo4Jr3CPez96liVUtoVNbAhra9wM5vncradmCKTcRnGYxaFx553m1he0uRGclfFUOFI，最后访问时间：2024 年 3 月 7 日。

条的规定，承运人提供的集装箱应符合安全收受、载运和保管所装载货物的要求，该要求应视为承运人适航义务的涵摄范围。因集装箱存在缺陷造成箱内货物灭失或者损坏的，承运人应当承担相应的赔偿责任。

集装箱缺陷通常需以装卸两港的集装箱设备交接单（Equipment Interchange Receipt，EIR）为依据。具体而言，在装货港重箱入场以及目的港重箱出场时，港口方会对集装箱进行外观检查，如集装箱外表有明显的瑕疵、缺陷，在EIR上会如实记录。此外，EIR不仅是货物损失原因的有力证据，而且对于货物损失期间的确定也有决定性的意义。

但是，在实践中并非所有港口都会制作EIR，或EIR的编制并不一定严谨。在EIR无异常的情况下，集装箱内货物发生损坏、灭失的案件不胜枚举。在此情况下，货物利益方通常需借助第三方检验人、专家的技术力量，对货物的损失原因进行分析、推断，以便明确集装箱是否存在缺陷以及货物损失发生的区间。

例如，在某财产保险公司与某航运公司海上货物运输合同纠纷案[1]中，一审及二审法院采信检验报告中的观点，认为货物损失原因为集装箱箱体密闭不严或存在漏洞，法院据以认定货物受潮氧化的损失发生在承运人的责任期间内，并判定承运人承担赔偿责任。

此外，在实践中，承运人通常在订舱确认书中约定集装箱适货义务由托运人承担，具体措辞可能是托运人负责验箱、由托运人签字确认集装箱适货、运输过程中的一切责任由托运人承担等内容。因此，在部分案件中，承运人以此约定作为抗辩基础。目前，法院认为，该约定与

---

[1] 参见上海市高级人民法院（2014）沪高民四（海）终字第74号民事判决书，载中国裁判文书网，https://wenshu.court.gov.cn/website/wenshu/181107ANFZ0BXSK4/index.html? docId=OZTPCtKNQuF2vOnU63YEqfrnM1Sz6BYCIUtve+I2MSBQmZtnXGX2WpO3qNaLMqsJ0h63aAnY/UPACHK-BoXOd7q9wM5vncradmCKTcRnGYxb0filkDvrA/fmDc10gdFpZ，最后访问时间：2024年3月4日。

《海商法》第四十六条、第四十七条及第四十八条的规定相悖，故依据《海商法》第四十四条的规定将该约定认定为无效条款，不支持承运人的此项抗辩。

再如，在某国际公司诉某运输有限公司、某集装箱运输有限公司、某航运有限公司海上货物运输合同纠纷案①中，海事法院认为，托运人接受空集装箱时在集装箱设备交接单上签字，只能证明集装箱表面状况良好，不能证明托运人认可集装箱适于并能安全收受、载运和保管货物。即便托运人认可了集装箱适货，仍不能免除提供集装箱的承运人的责任。

3. 承运人是否对"铅封完好"承担责任

集装箱的铅封类似一次性锁，上面有编号。如果收货人接到的集装箱上的铅封号同提单及其他运输单证上记载一致，那么通常意味着在运输过程中集装箱未曾被打开过，反之则推测集装箱曾被打开，那么货物灭失、损坏很可能与开箱有关，毕竟在运输过程中通常没有必要开箱。比如，在某进出口有限公司与某株式会社海上、通海水域货物运输合同纠纷案②中，福建省高级人民法院认为，承运人未按提单记载的货物件数、重量向收货人交付货物，且涉案集装箱铅封号在承运人责任期间发生变更，收货人有权依据提单向承运人提出货损赔偿。可见，铅封对整箱货而言是一个重要的证据。

在某进出口有限公司与某箱运支线有限公司等海上、通海水域财产

---

① 本案系作者在工作实践中收集整理而来，仅供读者研究参考。

② 参见福建省高级人民法院（2014）闽民终字第 953 号民事判决书，载中国裁判文书网，https://wenshu.court.gov.cn/website/wenshu/181107ANFZ0BXSK4/index.html? docId=OUD3Tm7EvERMO3QjP3tp3lIlb1WruRyJsRV/c8lqPtCaBF3VBg0Cq5O3qNaLMqsJ0h63aAnY/UPACHKBoXOd7q9wM5vncradmCKTcRnGYxYY0gbRLKwRhFBB+GvQQugX，最后访问时间：2024 年 3 月 4 日。

损害责任纠纷案①中，经过一审、二审和再审，法院最终查明某进出口有限公司进口的货物系在菲律宾装船前被托运人调包，托运人拆掉装货港检验公司的铅封，替换成承运人提供的铅封后将集装箱重箱送往码头堆场等待装船，收货人收到的集装箱内仅有泥土和石头，因此向承运人提出索赔。虽然涉案货物并非在承运人责任期间内被调包，但是承运人签发的提单中记载了集装箱号及铅封号，而该铅封号即装货港检验公司的铅封号，显然船公司实际收到的集装箱铅封号与提单记载并不相符，该案的一个争议焦点即承运人是否要对提单中记载的铅封号的正确性负责。可惜的是，本案某进出口有限公司以侵权事由提起诉讼，而广东省高级人民法院再审民事判决仅认定承运人提单记载确实存在错误，但是基于本案提单是否记载装货港检验公司的铅封号，都不影响信用证付款，认定承运人错误签发提单的行为与稀土公司信用证付款不存在因果关系。

（二）拼箱货

根据拼箱货的操作规则，托运人仅负责提供货物并且进行初步包装，货物的装箱、计数、积载、系固等都是由承运人来完成，因此，如果发生货物短缺或者损坏，货方只要证明货损发生在承运人责任期间内，即可完成初步举证责任，然后由承运人来证明货损是由免责事由导致的。因此，对拼箱货而言，货方最重要的举证责任是收集证据证明货损发生在承运人责任期间内，具体方式有要求承运人出具拆箱报告，或者收货人在提取货物时向承运人提出异议、签收单加批注等。

---

① 参见广东省高级人民法院（2016）粤民再 69 号民事判决书，载中国裁判文书网，https://wenshu.court.gov.cn/website/wenshu/181107ANFZ0BXSK4/index.html？docId=OeNWgfeGz7bbWVorAwxbyMfhpadgsRbZzzGwYI9KmDD8LvU9mD0xtpO3qNaLMqsJ0h63aAnY/UPACHKBoXOd7q9wM5vncradmCKTcRnGYxYJlt8j6iOKu/Jeu5CHMHGK，最后访问时间：2024 年 3 月 4 日。

（三）冷藏箱货物

随着运输技术的发展，在运输生鲜易腐货物时（如肉类、海鲜、水果蔬菜、奶制品、腌制食品等），会大量使用冷藏箱。根据设定的温度不同，可将其进一步细分为冷藏类货物、冷冻类货物以及深冻类货物。相较于普通集装箱，冷藏箱货物的装箱、积载、运输、保管等方面对货方和运方都提出了更高的技术性要求，比如以下三个方面：

第一，冷藏箱装货前，通常需要进行冷藏箱预冷。把冷藏箱内部温度预调到预载货物需要的温度，这是保护货物的关键步骤。每个冷藏箱在交付使用前，都要进行冷藏箱预检测试（Pre-trip Inspection，PTI），对箱体、制冷系统等进行全面检查，确保冷藏箱的状态完好无损及清洁、制冷系统处于最佳状态，经检查合格的冷藏箱应贴有检查合格标签或证书。

第二，除了冷藏箱预冷外，货物也需要预冷。冷藏箱设计以保持货物低温为目标，如果货物温度过高会使冷藏箱制冷系统超负荷工作，甚至会导致故障影响货物安全。如果没有预冷良好的货物装柜，由于货物热容量较大，直接装柜会导致降温速度大大减慢，可能会成为造成货损的直接原因。

第三，冷藏箱装货时，冷藏箱内的货物还需进行合理的积载，以建立良好的柜内风力循环以提高制冷效率，避免因冷风短路造成降温不平衡以及制冷效率降低。对于易腐烂的水果和蔬菜货物，还应使用能使空气在货物中间循环并带走因货物呼吸产生的气体、水汽和热量的包装，包装应具有良好的强度，能在高湿度的环境下保持正常堆码高度，并能让垂直的空气流动。

冷藏箱运输中货物失温是典型的货损形式。货物失温，是指在运输途中冷藏箱内温度未处于预设温度范围内，包括箱内温度过高或过低的情况。如前所述，因冷藏箱货物的装箱、积载、运输、保管都有更高的技术要求，在集装箱铅封、外表没有遭受损坏的情况下，仅依照货物失温的事实尚不足以完全支持货物损失赔偿的请求权。

在冷藏箱运输中，如承运人已经证明涉案冷藏箱在其责任期间运行良好，不存在制冷不当、通风口不畅等异常现象，则承运人可主张其已尽到妥善的管货义务。比如，在某财产保险株式会社与某船务有限公司海上、通海水域货物运输合同纠纷案①中，收货人在目的港对冷藏集装箱内的货物进行抽样检测，发现部分货物存在不同程度的解冻变质。收货人认为，货损原因系冷藏箱制冷不良或通风口不畅；承运人认为，集装箱在运输期间运行正常。承运人提供的冷藏箱保存的温度记录数据，证明该冷藏箱的设定温度为−18℃、送风温度为−20℃、回风温度为−17℃，符合提单载明的温度要求，且无任何报警记录。而且，冷藏箱预检测试（PTI）也未发现异常。法院采信该证据并认可货物在装卸时的临时断电属于合理状况，承运人不需对货物损失承担赔偿责任。

同样，在某食品有限公司与某股份有限公司等海上、通海水域货物运输合同纠纷案②中，托运人主张其托运的大蒜在运输期间损坏系冷藏箱承运人的责任，而承运人提供的冷藏箱温度记录、检验报告等证据证明冷藏箱在除霜、装卸期间停止工作属于正常状况，并不会造成货损，

---

① 参见宁波海事法院（2014）甬海法商初字第 537 号民事判决书，载中国裁判文书网，https：//wenshu. court. gov. cn/website/wenshu/181107ANFZ0BXSK4/index. html？docId＝U3nQoCSu02gETUCEfjc1RVILqDhyGiC8nAqUNoPDYZBz75NEhDviG5O3qNaLMqsJ0h63aAnY/UPACHKBoX-Od7q9wM5vncradmCKTcRnGYxYJlt8j6iOKu/LaVC0eDvRs，最后访问时间：2024 年 3 月 4 日。

② 参见青岛海事法院（2021）鲁 72 民初 48 号民事判决书，载中国裁判文书网，https：//wenshu. court. gov. cn/website/wenshu/181107ANFZ0BXSK4/index. html？docId＝+USauTDaXxU2liNJsQKQYt0jc4qzHidjzMG6OZGy22npbkqbxenA2ZO3qNaLMqsJ0h63aAnY/UPACHKBoXOd7q9wM5vncradmCKTcRnGYxYJlt8j6iOKuxCYFq9SOoRg，最后访问时间：2024 年 3 月 4 日。

涉案集装箱在整个运输期间未发生故障，机组运行正常，货物发生损坏应是其自然属性、未预冷装箱、不合理积载以及装箱前的品质原残导致。法院采信承运人的证据，认为"案涉货物的运输为冷藏箱运输、整箱交货，由托运人负责装箱，承运人仅负责提供适货的集装箱并按提单的约定设定温度，确保冷藏箱处于符合运输合同目的的使用状态"，最终判决承运人不承担赔偿责任。

在冷藏箱货物失温案件中，虽然货方有时通过集装箱内便携式温度记录仪能够获得运输途中货物的温度数据，但该证据只能证明货物失温的事实。需要注意的是，提单上对于运输温度的记载通常写作"Set Temperature"或者"Temperature Set at"（即设定温度），这意味着该温度仅是集装箱设定的工作温度，而非货物的实际温度，两者之间可能存在差异。比如，在上述某食品有限公司与某股份有限公司等海上、通海水域货物运输合同纠纷案中，青岛海事法院查明，冷藏箱装载货物后，由于货物影响冷风的流动，导致箱内温度分布不均匀。一般来说，靠近制冷机端的温度较低，靠近箱门端的温度较高。在航运实践中，冷冻模式下，船公司一般采用冷机回风温度控制箱温；在冷藏模式下，船公司一般采用冷机供风（送风）温度控制箱温。总之，冷藏箱货物失温案件涉及较多技术问题，承运人能否成功抗辩主要取决于冷藏箱自有的温度记录数据以及承运人一方的检验报告、专家报告等。

（四）框架箱货物

框架箱，又称平板柜或凳子柜。与普通集装箱相比，框架箱没有箱顶和侧壁；部分框架箱甚至没有端壁，只有底板和四个角柱。框架箱通常用于积载无法载于普通集装箱内的机械设备类货物。

相较于一般的集装箱货物损坏、灭失，框架箱货物的跌落、遗失为典型。此类货物损失，需注意核实损失原因是货物与集装箱之间的绑扎问题，还是集装箱与船舶之间系固的问题。

例如，在某集装箱运输有限公司与某机械有限公司海上货物运输合同纠纷案①中，框架箱运输机械设备在海运途中跌落，导致货物受损并砸坏第三方所有的货物。法院查明，船上系固绑扎设备状态良好，框架箱并非整体跌落，而是内装货物绑扎断裂而跌落，第三方检验人对框架箱内货物绑扎不符合要求的情况做出说明。据此，法院认为货物利益方需对承运人的损失承担赔偿责任。

再如，在某财产保险公司与某海运有限公司等海上货物运输合同纠纷案②中，法院查明，承运船舶在航行途中受热带风暴影响，导致船舶剧烈颠簸和摇晃，某框架集装箱上面的两件货物发生位移并分别向两侧倾覆，但框架集装箱本身在原积载位置并没有任何移动。据此，法院认为，涉案货物在框架集装箱中的绑扎系固属于涉案货物的包装，由托运人负责，在承运人责任期间内由货物包装不良造成的货损，承运人不负赔偿责任。

三、粮食类货损案件分析——以大豆为例

我国是粮食进口大国，而粮食作物质量高、体积庞大，主要依赖长距离的远洋运输。这种运输周期长，又受到天气、储存条件等的影响，运输途中可能会产生货损。常见的如水湿、霉变、热损等，较为罕见的还有气味污染、油污、大麦发芽率降低等。粮食类货物的特殊性在于其

---

① 本案系作者在工作实践中收集整理而来，仅供读者研究参考。

② 参见上海海事法院（2021）沪72民初168号民事判决书，载中国裁判文书网，https://wenshu. court. gov. cn/website/wenshu/181107ANFZ0BXSK4/index. html? docId = tLWwykCoBI4CAs + 6onB6h3iWaV/wZ5nTEyCytFx41Sf13pxOqxBbYJO3qNaLMqsJ0h63aAnY/UPACHKBoXOd7q9wM5vncradm CKTcRnGYxYJlt8j6iOKu6nTHwQ+WB1M，最后访问时间：2024年3月4日。

本身是"活物",在运输过程中会发生呼吸作用,而且粮食类货物不可避免地会携带微生物、虫卵等,在一定的条件下会发生损坏,因此,货损原因有时很难分清,通常船货双方各执一词。

在所有的粮食类货物损失案件中,这些年来最为常见的是大豆热损案件,因此,以下以大豆热损案件为例,分析该类货物货运险追偿中所面临的主要问题。在司法实践中围绕大豆热损案件的争议主要有三个:一是大豆是否发生热损,二是热损的原因(即承运人是否需要承担赔偿责任),三是货损的计算方式。以下围绕这三个方面分别展开。

(一) 大豆是否发生热损

我国是大豆进口大国,这些大豆主要来自美国和巴西。通常收货人以目的港大豆热损伤粒指标超过贸易合同约定的指标要求为依据,要求承运人对大豆热损承担赔偿责任。这里面涉及检验标准的问题,因为大豆在装货港是根据当地的检验标准进行检验的,但是到了目的港我国海关会根据我国的检验标准进行检验,两种检验标准下检验结果可能存在很大差异。这时大豆是否发生了热损,或者说大豆热损伤粒指标是否超标就成为双方的争议问题。

在某粮油公司与某公司海上、通海水域货物运输合同纠纷案①中,收货人主张其购买的大豆在运输途中遭到热损,热损伤粒超过合同指标,要求承运人赔偿。承运人提供通标检验机构(SGS)检测报告,显示根据美国标准检测,涉案大豆在卸船时热损伤粒(Heat-damaged kernels)在 0.2% 左右,同时提供公估报告对大豆热损伤粒测定问题上美国标准和中国标准的区别进行解释,得出"受热损影响较轻的大豆是否并

---

① 本案系作者在工作实践中收集整理而来,仅供读者研究参考。

入'热损粒率'中进行统筹计算，是美国标准和中国标准的差异所在。美国标准将此部分大豆剔除，而中国标准将其纳入，才导致了在热损粒率这一项目上，中国的测定数据通常大于美国检测数据的现象"这一结论。而收货人则出具了中国检验认证集团某公司的说明，认为"关于热损伤粒率的测定，按照两个标准进行的检验结果理论上应该是一致的，如果有差异的话，只可能是非常细微的误差，不可能有本案中这么大的差距"。可见双方对于检验标准分歧很大，并且都提供了检验机构的支持文件。本案一审、二审法院认为出入境检验检疫局作为职权机关，依法对进口大豆进行品质检验，其检验结果具有更高的证明力，根据出入境检验检疫局的检验结果，货物的热损伤粒为1.2%，超过了合同约定的标准0.5%，而在装货港该项检验结果为0，因此涉案大豆存在品质变化，构成货损。

上述案件暴露出不同检验标准可能导致检验结果存在很大差异。事实上，不同取样时间和地点、检验机构等因素都可能对检验结果造成影响。最好的办法是各方协商一致，选择同一检验机构进行取样、检验，并就检验标准事先达成一致意见。

(二) 大豆热损的原因

基于前面章节，对于运输过程中货物灭失、损坏，我国的法律仅要求货方证明损坏是在承运人照管货物时发生的，无须证明货损的原因，而承运人为了免除或者减轻自身的赔偿责任，需要对货物损坏原因进行举证。当然，货方也可以对损失原因进行说明和举证证明，以便反击承运人的抗辩。

粮食类货物的损坏原因举证十分困难，以大豆热损为例。大豆上覆盖着休眠的霉菌孢子，在一定条件下，即含水量和温度适宜时，这些孢子会生长繁殖。而生长繁殖产生的热量和水分，如果不能及时散去，就会导致大豆热损变质。因此大豆的热损同温度、水分、时间等因素都有关系。总结过往判例，法院对大豆热损变质主要划为三个原因：一是大豆固有缺陷；二是通风措施不到位；三是迟延卸货。

1. 大豆固有缺陷

根据各法院大豆热损案裁判统计，大多品质缺陷体现在大豆水分过高。根据我国国家标准《大豆》（GB 1352-2023）的规定，适用于收购、储存、运输、加工和销售的商品大豆，水分含量应小于等于13%，此标准被认定为行业一般标准，大豆装船前的含水量应不超过13%。但不同国家有不同的标准，巴西规定的水分含量上限为14%，阿根廷规定的水分含量上限为13.5%，国际上无统一标准。在某财产保险公司与某航运公司等海上、通海水域货物运输合同纠纷案①中，大豆装船前已进行了品质检验，含水量为13.23%，符合贸易合同双方的约定上限14%，但是超过我国国家标准13%，因此承运人方主张货物本身缺陷，不应归责于承运人。法院最终认定案涉大豆水分含量较高、混有杂草，存有一定的品质缺陷，与货损有关联。但该批大豆并非不适合海上运输，这种关联并非导致货损的直接原因，根据对原、被告双方的鉴定人的质询可以得出在适宜的温度、湿度下，案涉大豆是可以无损运输的，并不必然发生热损的结论，货损还需结合通风措施、航程时间等因素综合判断。最终法院判决船货双方按照责任比例承担货损。

实践中承运人以大豆固有缺陷主张免责，法院支持的情形并不多

---

① 参见青岛海事法院（2020）鲁72民初1236号民事判决书，载中国裁判文书网，https://wenshu.court.gov.cn/website/wenshu/181107ANFZ0BXSK4/index.html? docId=U3nQoCSu02idNURvOxbpNbxVHzn/BjCLyyL+f1pZnVxRzxalzk/axpO3qNaLMqsJ0h63aAnY/UPACHKBoXOd7q9wM5vncradmCKTcRnGYxawObhirp8qNWZiMXeIsbJ0，最后访问时间：2024年3月4日。

见，因为根据《全国法院涉外商事海事审判工作座谈会会议纪要》第五十四条的规定，"'货物的自然特性或者固有缺陷'是指货物具有的本质的、固有的特性或者缺陷，表现为同类货物在同等正常运输条件下，即使承运人已经尽到海商法第四十八条规定的管货义务，采取了合理的谨慎措施仍无法防止损坏的发生"。承运人对固有缺陷负有举证义务，但是在实践中承运人往往无法举证证明采取了合理谨慎措施仍然无法防止损坏的发生。此外，承运人也很难举证证明含水量超过13%的大豆与热损之间的因果关系。因此，以货物固有缺陷主张大豆热损，进而免除承运人责任的案例并不多。

2. 通风措施不到位

针对大豆热损的案例，船货双方最常见的争议焦点之一就是船舶通风问题。承运人妥善、谨慎运输、保管所承运货物的义务要求通风措施具有针对性，即承运人应针对承运船舶结构并依照散装大豆运输的特点，在航行途中严格测量及记录货舱温度、货舱内外露点、干湿度等数据，确保有针对性地对承运大豆进行合理通风。承运人未履行或未适当履行该等义务的，法院会认定通风措施不当，承运人未妥善、谨慎管理货物。

实践中有大量案例，船方从未采取通风措施而被法院认定为负有管货过失，或者船方虽然采取了通风措施，但被法院认定为通风措施不当，使承运人未能成功举证免责。如在某控股有限公司、某油脂有限责任公司海上、通海水域货物运输合同纠纷案①中，湖北省高级人民法院

① 参见湖北省高级人民法院（2019）鄂民终 630 号民事判决书，载中国裁判文书网，https：//wenshu. court. gov. cn/website/wenshu/181107ANFZ0BXSK4/index. html？docId=pT1kSr7fJ6HfFSyvNF2AWWB8hpEw/JlbNO8WEKQEQmfGmJqbRPgLefUKq3u+IEo4Jr3CPez96liVUtoVNbAhra9wM5vncradmCKTcRnGYxaBucZ2aX7pAFI5mItPrI88，最后访问时间：2024 年 3 月 7 日。

认定现有证据证明，承运人在运输期间未对船舱进行通风，且因自身原因于高温季节在新加坡耽搁两周，承运人未能提供证据排除这些因素对案涉货物发生热损的影响，据此判定承运人对大豆热损承担责任。而最高人民法院在审查这个问题时强调，无论案涉货物运输过程中未对船舱进行通风是否属于承运人的管货过失，承运人都应当对发生在其责任期间内的案涉货物损失负赔偿责任，除非其能证明存在法律规定的免责情形。①

3. 迟延卸货

即使大豆本身缺陷可能是其产生的一个重要原因，但如果船舶在卸货前遇到了不可避免的延误，如承运人未能在合理时间内完成交付，亦会造成大豆的热损。

对于迟延卸货导致的货损，根据法律常识，谁导致的迟延则由谁来承担延迟卸货导致的货损责任。然而在海上货物运输中，承运人负有减损义务，这引起了进一步的争议。在某有限公司与某股份公司海上、通海水域货物运输合同纠纷案②中，一审法院认定尽管收货人延迟卸货以及承运人的不当通风都导致了卸货时货损的状况，但是承运人应承担70%的责任。法院的观点是，当在合理的时间内不能交货时，承运人应根据法定义务妥善处置货物，减轻损失，收货人不应因其迟延卸货直接导致的货物损坏而受到严重指责。而二审法院推翻了之前的责任划分，

---

① 参见最高人民法院（2020）最高法民申 2103 号民事裁定书，载中国裁判文书网，https：//wenshu. court. gov. cn/website/wenshu/181107ANFZ0BXSK4/index. html？docId=MBVeB52r+gV3A04xnBfVsSq1hKbBcx3i3RjqwWgx8kYnHjtx2e2TvvUKq3u+IEo4Jr3CPez96liVUtoVNbAhra9wM5vncradmCKTcRnGYxaBucZ2aX7pAFI5mItPrI88，最后访问时间：2024 年 3 月 7 日。

② 参见最高人民法院（2021）最高法民申 4982 号民事裁定书，载中国裁判文书网，https：//wenshu. court. gov. cn/website/wenshu/181107ANFZ0BXSK4/index. html？docId=nEjR7hqAO8TS3Vwj23QZiPBxLbxU+YJIcn1z3h8endUWCk8wuZcToPUKq3u+IEo4Jr3CPez96liVUtoVNbAhra9wM5vncradmCKTcRnGYxbD11+iaR5270Pi2r8GcdjM，最后访问时间：2024 年 4 月 23 日。

认为迟延卸货是由于收货人没有办理进口手续，考虑到承运人没有能力在炎热的天气下处理货物和避免热损，承运人对迟延卸货造成的货损不承担责任，从而认定承运人只承担 30% 的货损责任。随后，货方提出再审申请，然而最高人民法院审查后认为再审理由不成立，裁定驳回再审申请。

而在某油脂有限公司与某海运有限公司海上、通海水域货物运输合同纠纷案①中，一审法院认为货物进口及报检手续未及时办理完毕是导致涉案大豆迟延卸货的直接原因，收货人对此负有过错责任。同时，承运人负有速遣船舶的义务。船舶将货物正常运抵目的港后，如在合理时间内非因自身过错而不能交付货物，承运人依法享有相应的处置权利，且负有采取合理措施减少损失的责任，而承运人怠于履行其责任和义务，自船舶抵港至卸货，期间长达三个多月，因此对货物受损亦负有过错责任。故判定双方对于因迟延卸货而造成的货物损坏均负有 50% 的过错责任。二审法院认为现有证据不能证明货损的发生与装货作业时降雨有关，导致大豆发生损坏的主要原因是货物在船舱滞留时间过长，次要原因是某海运有限公司在其责任期间内，未尽到谨慎的通风管货义务。根据承运人和收货方的过错程度，酌定某海运有限公司对货物损失承担 30% 的赔偿责任。

因此，在迟延卸货案件中，除非是船舶在锚地等待卸货的时间过长，承运人很难证明迟延同损害结果之间的因果关系。即便能够证明，法院也可能认定承运人因其并未履行职责，采取合理的措施来减少损失

---

① 参见山东省高级人民法院（2020）鲁民终 3159 号民事判决书，载中国裁判文书网，https：//wenshu. court. gov. cn/website/wenshu/181107ANFZ0BXSK4/index. html？docId =/6bQ + HK0RivOXk4WN2sN3ZJ1RUMIDZXgrvsYlikR/XwzXjMXM8lCFJO3qNaLMqsJ0h63aAnY/UPACHKB-oXOd7q9wM5vncradmCKTcRnGYxZ2CO4HzDyuuwiN2jfrBZbm，最后访问时间：2024 年 3 月 4 日。

而承担部分责任。比如当收货人迟延或是拒绝收货时，承运人可以将货卸到仓库或是其他合适的地点。

以上就是大豆热损案件中常见的三种货损原因，三者并非独立出现，往往是在一个案件中相伴而生。大豆本身的自然属性需要适当通风，迟延卸货与不当通风措施都会加剧其热损的程度。法院会根据每个案件的事实分析货损原因，从而判定承运人是否承担赔偿责任。

（三）大豆损失的计算方式

同大豆热损原因一样，大豆热损的损失计算也是一个难题。司法实践中的计算方式有很多种，但大体可以归为两种：一种是按照实际损失来定损，另一种是按照理论损失来定损。

1. 实际损失

（1）降价销售

若热损大豆被降价销售，按照贬值率来计算是实践中常用的损失计算方法。贬值率是根据货物完好时的市场价格与受损货物的实际价格之差，除以完好的货物市场价格计算。在某财产保险公司与某股份有限公司海上、通海水域保险合同纠纷案①中，法院就采用了此种方式。在货物由于热损而被买家拒收的时候，原告寻找新的买家，最终热损大豆的销售价值为 2914.11 元/吨，而目的港完好货物市场价值为 3650 元/吨，代入前述公式计算，贬值率为 20.16%，进而计算出热损的实际损失。

在受损货物经过公开、公正的市场询价实际出售的情况下，通过公

---

① 参见广东省高级人民法院（2018）粤民终 540 号民事判决书，载中国裁判文书网，https：//wenshu. court. gov. cn/website/wenshu/181107ANFZ0BXSK4/index. html? docId=pl5PTLOzdgka TpldQBwCbO+nN9vkb6H5m0j+wCS3PeQ0c/wI9JnmBpO3qNaLMqsJ0h63aAnY/UPACHKBoXOd7q9wM5v ncradmCKTcRnGYxb1bbtwNqAeds6lMrslnZgl，最后访问时间：2024 年 3 月 4 日。

式进行计算确定损失数额，实践中普遍认为这种方式较为公平。然而由于我国进口的多为转基因大豆，其用途受到限制，大豆一旦发生热损很难通过降价销售的方式处理，因此降价销售的情况并不多见。

（2）加工生产

热损大豆并非完全丧失使用价值，仍然可以用于加工生产（主要是榨油），但是热损大豆加工的豆油和豆粕可能品质较差，为了矫正品质上的差异，在生产过程中可能需要增加成本并使豆油和豆粕的得率降低，而成品油和豆粕如果最终品质较差可能还存在一定的贬值损失。在有些案件中货方将这些增加成本和损失逐项计算，然后向承运人索赔。在某财产保险公司与某航运公司等海上、通海水域货物运输合同纠纷案①中，青岛海事法院支持货方基于该种计算方式，主张的榨油损失、炼油损失、额外仓储费等共计489万元，认为"489万元系因货损产生的必要的修复费用，且金额较为合理，原告也已对外实际支付，本院予以支持"。

2. 理论损失

在市场大幅持续下行时，货物品质受损进一步导致货物很难及时出售，并不能及时计算损失，从而导致实际损失无法认定，实践中往往会采取多种方式计算大豆热损的理论损失。

（1）理论估算

在缺乏热损大豆实际处置情况和证据的情况下，法定检验机构会综合考虑多种因素进行理论定损。

---

① 参见青岛海事法院（2020）鲁72民初1236号民事判决书，载中国裁判文书网，https：//wenshu. court. gov. cn/website/wenshu/181107ANFZ0BXSK4/index. html？docId=U3nQoCSu02idNURvOxbpNbxVHzn/BjCLyyL+f1pZnVxRzxalzk/axpO3qNaLMqsJ0h63aAnY/UPACHKBoXOd7q9wM5vncradmCKTcRnGYxawObhirp8qNWZiMXeIsbJ0，最后访问时间：2024年3月4日。

在某实业有限公司与某班轮有限公司海上、通海水域货物运输合同纠纷案①中，法院认为检验检疫局作为中华人民共和国法定检测机构，通过检验、分卸和衡重，确定残损货物数量，根据该受损货物的热损粒超出完好货物的程度，及对货物的品质和价值的影响，并综合考虑货物的销售及使用等因素，确定本案货物损失为2358.528吨，具有充足的依据。该案中法院认可了受损货物的热损伤粒对货物的影响，但该案并非仅仅参考热损伤率，也综合考虑了货物的销售及使用等因素来确定其实际损失。

在某航运有限公司与某财产保险公司等海上、通海水域货物运输合同纠纷案②中，针对承运人就损失计算方式提出的质疑，最高人民法院认为某检验检疫局全程参与和指导案涉货物的整个卸货、调查、勘验和处理过程，其作为国家法定的进出口检验检疫机构，具备进出口商品的检验、鉴定资格，其出具的验残证书系建立在现场勘验、调查取证的基础上，依据科学的方法和专业的技术规范作出，在认定案涉货物贬值率时，综合考虑了现场检验情况和样品的检测结果，参照完好货物，并结合货物的商品销售等因素，在承运人不能提供足以推翻验残证书的结论的情况下，原审确认验残证书对本案事实的证明力，并基于验残证书确定案涉货物贬值率和计算相关货损金额并无不当。

---

① 参见广州海事法院（2015）广海法初字第810号民事判决书，载中国裁判文书网，https：//wenshu. court. gov. cn/website/wenshu/181107ANFZ0BXSK4/index. html？docId=Sux4nxslVR0eqx046Kgp0VaF7iZ7YC8/9swxQam67GWJlKTbAK8pQpO3qNaLMqsJ0h63aAnY/UPACHKBoXOd7q9wM5vncradmCKTcRnGYxb1dahAQqlaRqiad+/6xs2p，最后访问时间：2024年3月4日。

② 参见最高人民法院（2020）最高法民申3365号民事裁定书，载中国裁判文书网，https：//wenshu. court. gov. cn/website/wenshu/181107ANFZ0BXSK4/index. html？docId=U3nQoCSu02iGNLjExaYlaEQpKa0HujVB0qBLKi761yC9VEeBWF5nTZO3qNaLMqsJ0h63aAnY/UPACHKBoXOd7q9wM5vncradmCKTcRnGYxb1dahAQqlaRqj4Z71mRcvm，最后访问时间：2024年3月4日。

而在福建某公司与某船舶有限责任公司等海上货物运输合同纠纷案①中，法院对于原告以某公司检测的 24.5% 热损伤粒率作为大豆贬值率的主张则是不予认可的。因为热损伤粒是一种感官指标，基于同一样本，不同检测机构检测的数据结果往往存在差异。同样为热损伤粒，其损伤程度不尽相同，大豆损坏程度与热损伤粒率并非正比例的线性关系。故热损伤率一般只能用来定性表明是否热损，仅仅凭热损伤粒率，仍缺乏计算贬值的依据。因此，仅依靠理论估算，会具有一定的主观性，是否公平、公正仍待商榷，而实践中法院也很少认可完全依靠理论估算得出的实际损失，而是要结合其他因素综合评判。

（2）数学公式估算

采用数学公式来估算热损大豆的实际损失也是在实践中用到的一个方法，最为出名，并引起广泛讨论的就是"拉番公式"。该公式得名于"拉番轮"一案②。其将由于豆粕蛋白溶解度降低引起的折合大豆损失与由于大豆原油酸价升高引起的折合大豆损失相加，最终得出实际损失。具体计算方式为 A：由于豆粕蛋白溶解度降低引起的折合大豆损失＝受损大豆重量×（蛋白溶解度损失率/豆粕产出率）；B：由于大豆原油酸价升高引起的折合大豆损失＝受损大豆重量×（精炼损耗率增加/毛油产出率）。热损大豆的实际损失是两者的总和 C，即 C＝A+B。

---

① 参见厦门海事法院（2022）闽 72 民初 579 号民事判决书，载中国裁判文书网，https：//wenshu. court. gov. cn/website/wenshu/181107ANFZ0BXSK4/index. html？docId＝43JN2gLEV9jKZhsZvuDhnSod6/auJPDVyIcPpu+gvwMHWwIxUsVZOPUKq3u+IEo4Jr3CPez96liVUtoVNbAhra9wM5vncradmCKTcRnGYxbd9kdAPzKyIJbuCMcZaR9d，最后访问时间：2024 年 4 月 24 日。

② 本案系作者在工作实践中收集整理而来，仅供读者研究参考。

在某豆业公司与某财产保险公司保险合同纠纷案①中，被保险人某豆业公司主张依据上述公式计算其损失并要求保险人赔偿。在该案中"拉番公式"再次受到审视，但一审法院和二审法院均认为"拉番公式"已存在先例，并认可本案根据该公式计算货物损失。最高人民法院最终驳回保险人的再审申请。

"拉番公式"的合理性目前仍有争议，各海事法院在司法实践中采纳该公式来计算损失的并不常见。

（四）小结

以上以大豆热损案件为例，介绍这类案件涉及的主要问题。事实上，其他粮食类货物受损案件大体上也涉及这三个方面的问题：一是货物是否发生损坏，二是损坏的原因（即承运人是否需要承担赔偿责任），三是损失的计算方式。需要注意的是，就第一方面而言，并不是只有货物某一项指标发生了变化超过约定或者法定的标准才构成粮食类货物损坏。无论是合同还是国家标准、行业标准等，对于某一种货物约定或者规定的指标项目都是有限的，但是现实中发生的各种情况往往超出合同当事人或者各种标准制定者的预料，如果粮食类货物被指标项目之外的某一物质污染，尽管该项物质并未列明在合同或者标准中，同样可能被认为货物已经受损。尤其目前人们对于食品安全日益重视，所谓"民以食为天，食以安为先"，涉及食品或者食品原料的案件，法院会更多地从消费者和使用者的角度来考虑问题，在这一视角下，货物是否受损、

---

① 参见最高人民法院（2021）最高法民申 318 号民事裁定书，载中国裁判文书网，https://wenshu. court. gov. cn/website/wenshu/181217BMTKHNT2W0/index. html? pageId=b323e5fcfec8c0b b55607baba4f368f1&s21＝（2021）%E6%9C%80%E9%AB%98%E6%B3%95%E6%B0%91%E7%94%B3318%E5%8F%B7，最后访问时间：2024 年 5 月 10 日。

损失如何评估，法院会较一般案件而言更多地考虑"安全"。

四、液体散货损失案件分析

我国进口的液体散货以各类石油化工产品为主，此外还有毛豆油、棕榈油、棕榈仁油等植物类油脂货物。液体散货通常由专门的船舶进行运输，承运人在液体散货方面也有较强的专业能力，即便如此液体散货货损案件仍然时有发生，货损主要反映在货物的某一项或者几项指标不合格或者超标。

（一）确定超标的标准

判断"超标"与否首先需要有一个标准，即以何种标准来衡量货物是否超标。收货人作为货物的买方在其购买货物的时候必然对货物的品质具有一定的要求以满足其购买的使用目的，这个品质要求通常反映在买卖合同中。一旦货物的品质未能达到买卖合同中约定的品质要求，那么可以初步判断货物已经不符合预先设定的使用目的，收货人可能遭受了损失。因此，买卖合同中约定的品质要求，通常是判断货物是否超标的一个标准。比如，在某财产保险公司与某油轮有限公司海上货物运输合同纠纷案①中，海事法院认为检验机构进行检验的结果显示卸货船舱和接收岸罐内的货物氯离子含量超过了合同指标，可以认定乙二醇在运输途中发生了货损。

然而，对海上运输途中液体散货而言，提单转让是十分常见的现象，一张提单甚至可能被多次转让。买卖双方有时是凭借货物装货港品

---

① 本案系作者在工作实践中收集整理而来，仅供读者研究参考。

质证书的记载来判断货物的品质情况，因而买卖合同的约定十分简单，对货物品质只有简单的约定如"以装港品质为准"，甚至没有约定。在这种情况下，可以《装货港品质证书》上记载的品质指标为判断依据。比如，在某财产保险公司与某海运公司海上货物运输合同纠纷案①中，货方主张涉案船舶1W舱内甲醇氯离子含量超标，然而该案买卖合同对于货物的品质没有详细约定，承运人主张"应以目的港所在国即中国工业甲醇国家标准为依据，判断货物是否还能够有效实现其工业原料使用目的，若不影响其工业用途，则涉案货物氯离子超标不应当作为判断构成货损的依据"。海事法院一审认为："关于货损标准，装货港的检验报告已明确货物氯离子不得大于0.5的下限值，而卸货港氯离子超出该标准，即证明涉案货物存在污染和损失。"湖北省高级人民法院确认了一审的判决结果。

如果贸易合同和装货港品质证书中对于货物的品质要求都没有记载，那么应当由收货人来举证证明货物的品质标准，此时可以参考国标、岸罐入罐标准等。比如我国国家标准《工业用甲醇》（GB338-2011）规定工业用甲醇高锰酸钾反应时间指标"优等品"应当大于等于50分钟，"一等品"应当大于等于30分钟，"合格品"应当大于等于20分钟。如果某一票甲醇高锰酸钾反应时间小于20分钟，那么可以判断该货物根据我国国标属于不合格品。不合格甲醇的市场价格显然同合格甲醇存在差异。

值得注意的是，单纯的某一项或几项品质指标发生变化是否可以认定货物存在损失。通常，买方愿意为货物支付价款都是基于它符合一定的品质要求，而品质要求通常是一个范围而不是一个定值。所以，即使

---

① 本案系作者在工作实践中收集整理而来，仅供读者研究参考。

某一项或几项指标发生变化，但是没有超出要求的范围，通常不认为货物存在损失。

此外，对货物品质进行检验必然涉及试验标准。试验标准对试验的应用范围、试验材料、试验仪器、试验步骤、试验数据处理等进行了规定。实验室通常是根据试验标准来进行相关的检验，并且在报告中会对所依据的试验标准进行记载。由于货物装卸两港位于不同的国家，装货港和卸货港实验室依据不同标准进行试验的情况十分普遍。应用不同的试验标准很可能产生不同的试验结果，争议往往由此产生。为了避免争议，最好在装卸两港应用同一试验标准进行检验，或者在卸货港应用同一标准对装货港的随船样品和卸货港样品分别进行检验，以便判断货物的品质变化情况。比如，紫外线透光率是国际上普遍采用的衡量聚酯级乙二醇产品质量的关键性指标之一，某船乙二醇在装货港使用 SD EO-577A 标准对紫外线透光率这一项目进行检验并出具了品质证书，但我国对这一试验项目的标准为《工业用乙二醇紫外透光率的测定——紫外分光光度法》（GB/T14571.4-2008）。为了避免争议，最终涉案各方协商确定在目的港使用 ASTM E2193-16 Standard Test Method for Ultraviolet Transmittance of Monoethylene Glycol[①] 标准对紫外线透光率进行检验。

（二）货损发生的原因

1. 样品的重要性

在液体散货货损案件中，样品是一个非常重要的证据。在液体散货运输过程的各个阶段，可能会提取大量的样品，如在装货港提取岸罐样品、岸上管线样品、船舶歧管管口样品、装船船舱一英尺样品、装船后

---

① 笔者译为乙二醇紫外透光率标准试验方法。

船舱样品等；在卸货港会提取卸船前船舱样品、船舶歧管管口样品、岸罐管线样品、岸罐样品等。装货港提取的样品会被交给船员随船带到目的港，以便发生争议时进行试验。样品对于分析货物的指标变化、确定指标变化的区间、分清各方当事人的责任具有重大意义。

在某财产保险公司、某航运有限公司等海上货物运输合同纠纷案[①]中，涉案乙二醇在卸入岸罐几天之后被发现紫外线透光率远低于标准。货方委托中国检验认证集团福建有限公司（CCIC）对受损货物用气象色谱外标法进行检验，发现受损乙二醇含有氯化物和苯乙烯，货方认为货物受损原因可能是在运输途中被同船运输的苯乙烯污染。一审上海海事法院认为 CCIC 出具的《品质证书》并不能够证明货物被苯乙烯污染，原因是"苯乙烯并不在乙二醇检测的国际和国家标准范围内，即没有经权威认证的准确检测方法，也就是说，CCIC《品质证书》中关于苯乙烯的检测结论并不可靠"，同时在界定承运人是否有责时，最关键的取样点应当是"SCATXXXX"轮上输油管线法兰盘末端（即与岸上管线连接处），但某财产保险公司并没有提供该关键取样，该举证不能的不利后果应当由提出主张的一方当事人即某财产保险公司承担。二审上海市高院认为"CCIC 实验室对样品的检测过程，对判断苯乙烯的存在与否，仍具有参考意义"，但是"CCIC 实验室所作检测结论仅系依据向其提供的样品作出，但该样品系取自 1# 罐剩余部分货物……通过对 1# 罐剩余部分乙二醇的取样检测去推定该罐乙二醇整体状况依据不足"，二审法院依旧判决驳回原告诉讼请求。最高人民法院在审理再审申请时认为涉案

① 参见上海市高级人民法院（2020）沪民终 137 号民事判决书，载中国裁判文书网，https：//wenshu. court. gov. cn/website/wenshu/181107ANFZ0BXSK4/index. html？docId=sRZgiDDe+6kwQ1zyPLmegTHHDmxVq7a5eJ+uOjNizs53czaA2dom65O3qNaLMqsJ0h63aAnY/UPACHKBoXOd7q9wM5vncradmCKTcRnGYxYLJ/V/P5haTO7+rDYv08nX，最后访问时间：2024 年 3 月 4 日。

货物卸船时取样检验证实为合格，"发现货损则是在卸入岸罐数日后进行汽车转运过程中，且案涉受损货物卸入前，该岸罐内原有乙二醇约240吨。此时，可能发生货损的原因和区间存在多个。由于本案卸货时的货物检测位置和时间，使现有证据不能排除货损发生于非承运人责任期间，以致不足以证明货损发生于承运人责任期间"①。总结三级人民法院的观点，本案货方败诉的一个原因是卸船时没有保留样品，导致后续难以有针对性地进行检验和分析。收货人往往认为卸船前检验船舱样品合格便万事大吉，可实践中有些货损是在卸船结束之后甚至船舶离港之后才发现。因此，收货人或者货物保险人应注意在卸船时向船员索要随船样品，并对卸货过程中的各个结点进行取样，以便发生争议时查找原因。

2. 货物自然特性或固有缺陷

液体散货发生货损的原因多种多样，如船舱不够密封导致海水或者其他货物进入船舱内；船舱或者管线不够清洁导致该航次货物被前一航次的货物污染；甚至还有船员操作失误导致货物混合；等等。此外，很多案件中承运人会提出货物自然特性或者固有缺陷导致货物指标超标，具体来说就是货物具有某种特性，在一定条件下某项指标会发生变化，如乙二醇紫外线透光率会受到空气中氧气的影响。

在笔者团队参与处理的某财产保险公司保险代位求偿权纠纷案②中，涉案丙酮在卸货前被检测出高锰酸钾试验时间（PFT）指标不合格。承运人提出这是由于丙酮的自身缺陷（化学性质不够稳定且含有杂质）导

---

① 参见最高人民法院（2021）最高法民申 306 号民事裁定书，载中国裁判文书网，https://wenshu. court. gov. cn/website/wenshu/181107ANFZ0BXSK4/index. html？docId=/6bQ+HK0RivKKXg9+Uk2fwU1d/Y+Xg5KgARa9qjXOd3dBQC3LYLZ3fUKq3u+IEo4Jr3CPez96liVUtoVNbAhra9wM5vncradmCKTcRnGYxZcGGkFwdc5eTqxTHTjxyTG，最后访问时间：2024 年 3 月 8 日。

② 本案系作者团队参与处理。

致的，为了证明这一观点，承运人提供专家报告论述丙酮长时间存储容易通过自缩合反应生成二丙酮醇（DAA）进而脱水生成异丙叉丙酮（MO）而导致其PFT指标下降。然而，法院并没有采信承运人的证据，浙江省高级人民法院认为，随船样品在同样经过赤道航线的长途运输后并未发生PFT值下降现象，可见丙酮的自然特性并不是导致涉案货损发生的原因，在此情况下，承运人并未提供证据证明涉案丙酮在生产过程中如何产生了杂质，也未对其所称的杂质在何种情况下导致涉案货损发生进行定性定量的分析，且即使有杂质产生，承运人也不能解释为何同样含有杂质的随船样品在到达目的港后PFT值达标而涉案丙酮不合格这一现象。承运人虽认为船舱内温度和含氧量偏高导致涉案丙酮与随船样品所处环境不一致是上述现象发生的原因，但其亦无法证明船舱内温度和含氧量直接影响并导致了涉案丙酮货损的发生。

在某财产保险公司与某航运公司海上货物运输合同纠纷①中，涉案苯乙烯在运输过程中发生了聚合。承运人认为涉案苯乙烯发生聚合反应的原因是涉案货物在装货港装船时其中溶解氧浓度不足，导致阻聚剂在运输途中并没有发生阻聚反应，使得苯乙烯单体聚合生成聚苯乙烯。为了证明这一观点，承运人提交了专家报告，对苯乙烯及阻聚剂的相关问题进行说明。海事法院认为，"承运人未能证明涉案苯乙烯聚合物含量超标确因苯乙烯装船前本身存在不足的溶解氧，使得阻聚剂无法发挥效用所致，亦未能合理解释取自于同一批货物的随船样品在到达目的港后聚合物含量正常而涉案苯乙烯聚合物含量超标这一现象"。

从上述两个案例可以看出，法院对于货物自然特性或者固有缺陷的审理持十分审慎的态度。法院不仅要求承运人的证据能够定性（即涉案

---

① 本案系作者在工作实践中收集整理而来，仅供读者研究参考。

货物有发生某种变质的倾向或者可能性），还要求能够定量。而且法院通常还会以随船样品的检验结果作为对比。这一审判思路在《全国法院涉外商事海事审判工作座谈会会议纪要》中得到再次确认，该会议纪要第五十四条规定："'货物的自然特性或者固有缺陷'是指货物具有的本质的、固有的特性或者缺陷，表现为同类货物在同等正常运输条件下，即使承运人已经尽到海商法第四十八条规定的管货义务，采取了合理的谨慎措施仍无法防止损坏的发生。"基于前述内容，承运人应当证明在同等正常运输条件下（相同的航线、相同的天气等）涉案货物必然会损坏。可见，承运人证明货物的自然特性和固有缺陷难度很大。

(三) 损失计算

在哈池曼海运公司与上海申福化工有限公司、日本德宝海运株式会社海上货物运输合同货损纠纷案①中，涉案苯酚色度上升，船货双方对于损失计算方式发生分歧，原因是 2008 年 9 月至 11 月苯酚市场价格发生较大变化。一审法院以理论上的修复费用作为货物本身价值贬损计算货损赔偿额；而二审法院以货物受损前的价值减去货物受损后国内市场最高询价确定损失金额。最高人民法院提审案件，认定本案因苯酚色度值变化导致的货物贬损率的计算应当以目的港货物完好的市场价值减去受损货物的销售价值，再除以货物完好的市场价值；收货人的损失最终应当为货物的 CIF 价格乘以贬损率，即

贬损率＝（目的港完好货物的市场价值–受损货物的销售价值）÷目的港货物完好的市场价值×100%；

损失金额＝CIF 价格×贬损率

---

① 《最高人民法院公报》2016 年第 2 期。

上述案件对于液体散货的货损金额计算具有指导意义。自该案之后，液体散货的损失基本依据贬损率来计算。然而，仔细分析贬损率的计算方法，可以发现其中的关键是市场价值。如何确定完好货物的市场价值？它应当是某一时间点市场上同品质未受损货物的市场价格，而不是某一单交易中的特定价格，通常需要基于大量的交易来计算平均价格。如果涉案货物比较小众，市场上该货物的交易较少甚至没有，无法获取市场价值，贬损率又当如何计算？在某财产保险公司与某公司海上货物运输合同纠纷案①中即遇到这个问题。因国内脂肪酸的使用厂家较少，没有成熟的现货市场，本案原、被告均未能提供脂肪酸在目的港的完好货物市场价及价格波动情况，也没有同类同质货物作为参照，故法院未参照最高人民法院（2013）民提字第 6 号案件计算货物贬值率的方法，而是采用了"直接相减法"计算货损，即按涉案脂肪酸 CIF 进口价格与受损货物销售价格的差额计算赔偿额。其后，该计算方法在二审中得到浙江省高级人民法院的确认。

---

① 参见浙江省高级人民法院（2017）浙民终 3 号民事判决书，载中国裁判文书网，https：//wenshu. court. gov. cn/website/wenshu/181107ANFZ0BXSK4/index. html？docId＝pl5PTLOzdgnANxp9oYZNcX3pI0FwdE0sdRjlW08ThTN/NXkDTtimWPUKq3u+IEo4Jr3CPez96liVUtoVNbAhra9wM5vncradmCKTcRnGYxZ1qVbCFZfWp/E57gYY0FEL，最后访问时间：2024 年 3 月 14 日。

图书在版编目（CIP）数据

货物运输保险代位求偿实务指南 / 于萍主编；阎冰，
陈雷副主编. -- 北京 : 中国法制出版社，2024. 7.
ISBN 978-7-5216-4591-0

Ⅰ. D922. 284. 4

中国国家版本馆 CIP 数据核字第 202432UP35 号

策划编辑/责任编辑：黄会丽　　　　　　　　　　　　　封面设计：杨泽江

货物运输保险代位求偿实务指南
HUOWU YUNSHU BAOXIAN DAIWEI QIUCHANG SHIWU ZHINAN

主编/于萍
副主编/阎冰　陈雷
经销/新华书店
印刷/三河市紫恒印装有限公司
开本/710 毫米×1000 毫米　16 开　　　　　　印张/ 15. 25　字数/ 158 千
版次/2024 年 7 月第 1 版　　　　　　　　　　2024 年 7 月第 1 次印刷

中国法制出版社出版
书号 ISBN 978-7-5216-4591-0　　　　　　　　　　　　　定价：56. 00 元

北京市西城区西便门西里甲 16 号西便门办公区
邮政编码：100053　　　　　　　　　　　　　　　传真：010-63141600
网址：http：//www. zgfzs. com　　　　　　　　编辑部电话：010-63141784
市场营销部电话：010-63141612　　　　　　　　印务部电话：010-63141606

（如有印装质量问题，请与本社印务部联系。）